Martin Leubner und Anja Saupe

Deutschunterricht planen: Ein Leitfaden

Zur Planung von Unterrichtseinheiten und Einzelstunden

Schneider Verlag Hohengehren GmbH

INFO
Im ergänzenden Band „Deutschunterricht planen: Zwei Einheiten zu Kurzprosa nach 1945. Exemplarische Planungen mit den Schwerpunkten ‚Textverstehen und Literaturgeschichte' und ‚Textverstehen und Schreiben'" werden die in diesem Werk entwickelten Grundsätze für die Unterrichtsplanung exemplarisch umgesetzt (Autoren Leubner/Saupe, Schneider Verlag Hohengehren).

Quelle:
Gabriele Wohmann, Ein netter Kerl. In: Habgier. Erzählungen. Düsseldorf: Eremiten-Presse 1973

Leider ist es uns nicht gelungen, die Rechteinhaber aller Texte und Abbildungen zu ermitteln bzw. mit ihnen in Kontakt zu kommen. Berechtigte Ansprüche werden selbstverständlich im Rahmen der üblichen Vereinbarungen abgegolten.

Gedruckt auf umweltfreundlichem Papier (chlor- und säurefrei hergestellt).

Bibliografische Information der Deutschen Nationalbibliothek
Die Deutsche Nationalbibliothek verzeichnet diese Publikation in der Deutschen Nationalbibliografie; detaillierte bibliografische Daten sind im Internet über >http://dnb.d-nb.de> abrufbar.

ISBN: 978-3-8340-2085-7
Schneider Verlag Hohengehren, 73666 Baltmannsweiler
Homepage: www.paedagogik.de

Entwurf Layout Anja Cramer
Einbandgestaltung Paula Burg, Anne Töpfer, Jens Drössiger

Printed in Germany. Druck: Appel & Klinger, Schneckenlohe

Einführung

1. Erste Stunden, Prüfungen, Alltag: Unterricht zielorientiert planen

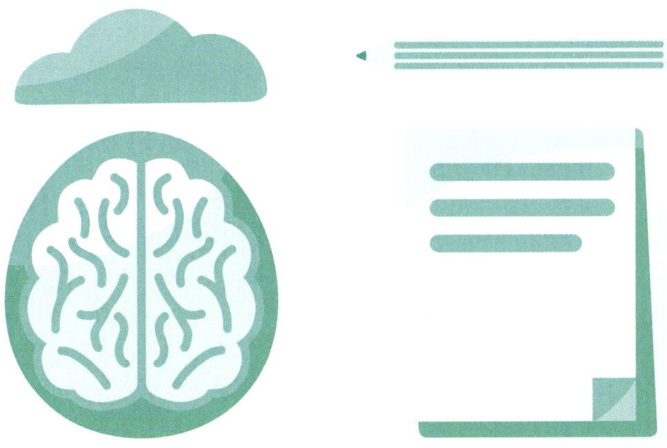

Planung Verschriftlichung

„Ja, mach nur einen Plan! / Sei nur ein großes Licht! / Und mach dann noch 'nen zweiten Plan / Gehn tun sie beide nicht." Diese Feststellung aus Bertolt Brechts „Ballade von der Unzulänglichkeit menschlichen Planens" mag auch manchen Studenten im Schulpraktikum oder Referendaren naheliegen, wenn sie ihre Unterrichtsversuche reflektieren. (Zur Nutzung des generischen Maskulinums vgl. das Nachwort „Liebe Leserin, lieber Leser".)

Doch ähnlich wie Brechts Ballade die Möglichkeit einer planvollen (Um-)Gestaltung der Welt keineswegs prinzipiell verneint, spricht die mitunter auftretende Notwendigkeit zu Abweichungen von der Unterrichtsplanung auch nicht gegen die Planung als solche. Guter Unterricht ist stets – und nicht etwa nur für Stunden in Praktika oder ‚Feuerwerks-Stunden' in Prüfungssituationen – zu planen. Allerdings muss die dazu grundlegend notwendige Verschriftlichung nicht in allen Situationen vollständig beziehungsweise ausformuliert erfolgen.

In der Fachdidaktik und der Schulpraxis sind bereits einige Grundsätze für die notwendige Planung allgemein verbreitet:

Stundenplanung im Kontext von Einheiten: Einzel- oder Doppelstunden sollen in der Regel nicht isoliert, sondern im Rahmen der Planung einer Unterrichtseinheit entwickelt werden. Unterrichtseinheiten sind die den Stunden übergeordneten Planungseinheiten und umfassen eine Folge von thematisch zusammenhängenden Stunden; alternativ kann auch von Unterrichtssequenzen gesprochen werden.

Nutzung bestimmter Planungselemente: Sowohl für die Planung von Stunden als auch für die von Einheiten sind die folgenden Elemente notwendig:

- Analyse der Lernvoraussetzungen,
- Gewinnung von Hauptziel und Teilzielen,
- Sachanalyse des Themas,
- didaktische Analyse bzw. Reduktion und
- Festlegung der Unterrichtsgestaltung.

Orientierung an Zielen: Die Unterrichtsplanung soll mit der Gewinnung von Zielen (dem ‚Wozu' und ‚Was' des Unterrichts) beginnen und nicht etwa mit Reflexionen zur Unterrichtsgestaltung (dem ‚Wie' des Unterrichts). Denn sonst wäre die Gefahr groß, dass der Unterricht in wenig zusammenpassende Teile zerfällt oder sich auf eine Beschäftigung der Schüler ohne Lernzuwachs beschränkt.

Im Folgenden soll – in der Einführung in Umrissen und in den beiden folgenden Kapiteln im Einzelnen – ein Modell vorgestellt werden, das auf Grundlage der genannten Prinzipien die Elemente der Unterrichtsplanung, ihre Zusammenhänge und insbesondere die Zusammenhänge zwischen Einheits- und Stundenplanung klärt. Wir begeben uns damit auf ein Feld, in dem die allgemeine Didaktik ihre Funktion als Leitdisziplin verloren hat und nun die Fachdidaktik ihre Rolle finden muss.

Zudem wird die Frage der Verschriftlichung von Planungen in schriftlichen Unterrichtsentwürfen thematisiert.

2. Fünf Stufen der Planung

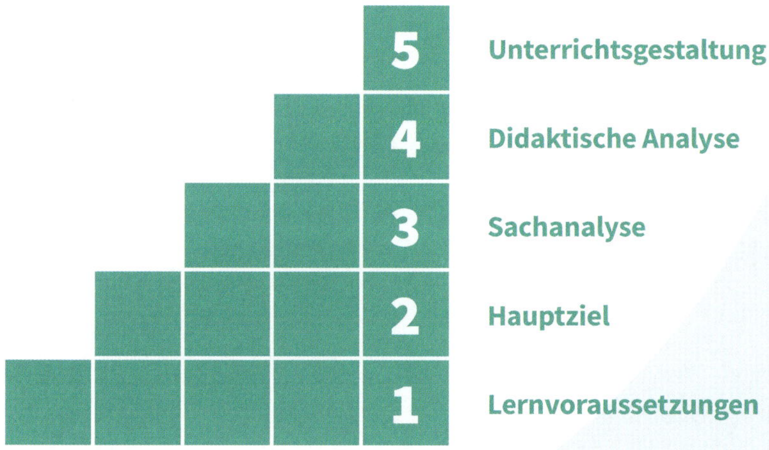

Für die Planung sowohl von Unterrichtseinheiten als auch von Stunden sind fünf Stufen grundlegend:

1) **Lernvoraussetzungen:** Anfänger im Lehrberuf machen häufig die Erfahrung ‚es kommt anders, als gedacht' – weil die zumindest anfangs unbekannten Schüler und Lerngruppen anders als geplant reagieren. Ähnlich ist aber auch jedem erfahrenen Lehrer das folgende Phänomen bekannt: Eine Stunde, die in einer Klasse gut ‚funktioniert' hat, ‚läuft' in einer anderen überhaupt nicht. Für das Gelingen von Unterricht ist deshalb eine sorgfältige Auseinandersetzung mit den Lernvoraussetzungen der spezifischen Lerngruppe erforderlich. Eine entsprechende Analyse steht am Beginn einer jeden Planung und begleitet den weiteren Planungsprozess.

2) **Hauptziel:** Es folgt die Gewinnung von Zielen. Zunächst wird ein Hauptziel bestimmt, das in der Regel ein Thema einschließt. Die entsprechende Frage lautet: Wozu soll der Unterricht (unter übergeordneten Aspekten) stattfinden und was ist dazu zu behandeln?

3) **Sachanalyse:** Anschließend erfolgt eine Sachanalyse des Themas sowie der zu fördernden Kompetenzen. Mit der Sachanalyse wird geklärt, welche zentralen Merkmale das für den Unterricht gewählte Thema aufweist und wie sich die zu fördernden Kompetenzen beschreiben lassen. Die Sachanalyse ist das entscheidende Bindeglied für die Gewinnung weiterer Ziele.

4) **Didaktische Analyse zur Gewinnung von Teilzielen:** Auf Grundlage der Sachanalyse wird die didaktische Analyse inklusive didaktischer Reduktion vorgenommen. Hier werden das Hauptziel, die Sachanalyse und die Lernvoraussetzungen miteinander abgeglichen, um Teilziele zu gewinnen. Damit wird die Frage beantwortet, wozu der Unterricht (im Einzelnen) stattfinden und was (im Einzelnen) behandelt werden soll.

5) **Unterrichtsgestaltung:** Erst auf der Grundlage von Haupt- und von Teilzielen erfolgt abschließend eine Planung der Unterrichtsgestaltung: Wie sollen, so lautet hier die Frage, das Hauptziel und die Teilziele erreicht werden?

3. Zweimal fünf Stufen der Planung: Stunde und Unterrichtseinheit

Eine Unterrichtseinheit in einem weiten Sinn umfasst auch die Planung von Unterrichtsstunden. Hier wird Unterrichtseinheit jedoch in einem engeren Sinn verstanden und von der Stundenplanung unterschieden.

Für die Planung einer Einheit und einer (Doppel-)Stunde sind jeweils die bereits erläuterten fünf Planungsstufen zu durchlaufen (s. Schaubild oben), und zwar beginnend mit denen der Einheit. Unterrichtseinheit und (Doppel-)Stunde sind eng miteinander verzahnt, was besonders bei der Entwicklung von Zielen deutlich wird. Es erfolgt eine stufenweise Konkretisierung, die von der Ebene der Unterrichtseinheit zu der der Unterrichtsstunde führt.

Zunächst wird das Hauptziel (inkl. des Themas) einer Unterrichtseinheit bestimmt (Ebene 1). Durch die didaktische Analyse, die die Ergebnisse einer ‚groben' Sachanalyse (vgl. KAPITEL I.3) nutzt, werden dann Teilziele dieses Hauptzieles gewonnen (Ebene 2).

Die Teilziele einer Unterrichtseinheit werden, gegebenenfalls auch unter Zusammenlegung oder Aufsplittung, im Rahmen der Grobplanung der Einheit für die Bestimmung von Hauptzielen für (Doppel-)Stunden genutzt (vgl. KAPITEL I.5). Die Hauptziele für die Stunden sind dann wiederum durch Teilziele (Ebene 3) zu konkretisieren. Dazu erfolgt erneut eine didaktische Analyse, diesmal auf Grundlage einer ‚feinen' Sachanalyse (vgl. KAPITEL II.3). Der für die Zielgewinnung notwendige Prozess der didaktischen Analyse wird also zweimal durchlaufen: von der ersten zur zweiten und von der zweiten zur dritten Zielebene.

Die beiden Durchgänge zur Zielentwicklung können zeitlich eng aufeinander folgen. Unmittelbar nach der Bestimmung der Hauptziele für die Stunden kann die Bestimmung ihrer Teilziele vorgenommen werden. Das bietet sich insbesondere an, wenn die gesamte Sachanalyse mit Grob- und Feinanalyse schon erfolgt ist, und hat den Vorteil, dass die Teilziele aller Stunden noch miteinander abgeglichen werden können. Auf diese Weise können beispielsweise Wiederholungen vermieden oder Grundlagen sichergestellt werden. Gegebenenfalls werden die Teilziele für Stunden aber auch erst unmittelbar vor der Verlaufsplanung der entsprechenden Stunden entwickelt.

Das Schaubild auf der folgenden Seite demonstriert das oben erläuterte Modell einer Zielgewinnung ‚von oben nach unten' mit seinen drei Ebenen.

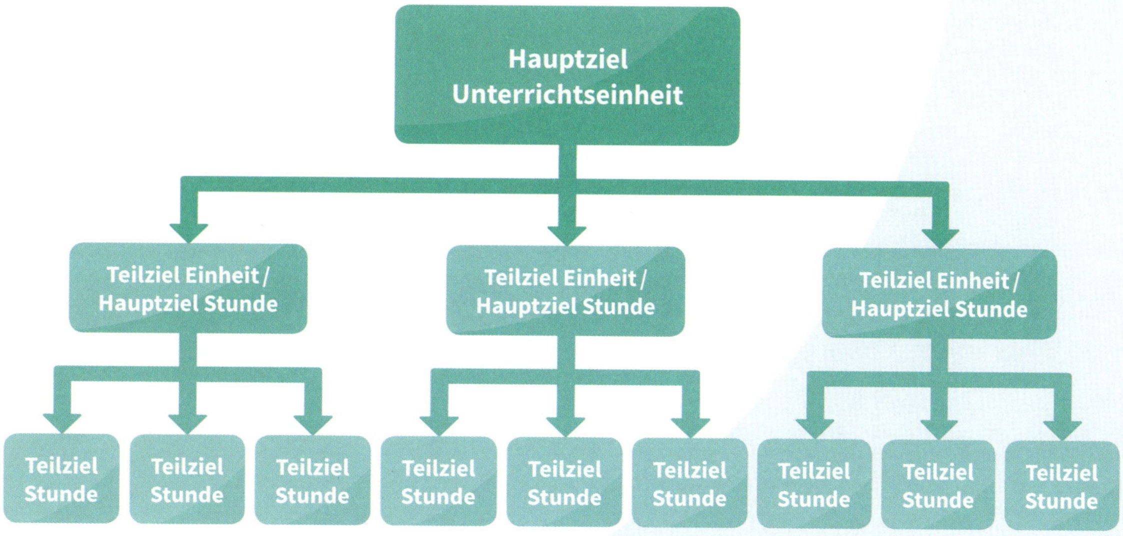

Vertiefung

Eine Alternative für die Zielgewinnung

Die hier empfohlene Zielgewinnung ‚von oben nach unten' hat den Vorteil eines schrittweisen systematischen Vorgehens und bietet zudem die Möglichkeit einer zeitversetzten Planung von Einheit und Stunde. Es wäre allerdings auch möglich, die Ziele ‚von unten nach oben' zu entwickeln. In der didaktischen Analyse wird dann auf Grundlage einer umfassenden Sachanalyse eine Vielzahl von Zielen entwickelt. Diese Ziele werden als Teilziele für Stunden genutzt und abstrahierend zu Hauptzielen für Stunden zusammengefasst. Auf die genannten Vorteile des Vorgehens ‚von oben nach unten' muss dann freilich verzichtet werden.

4. Zunächst: Jahresplan auf Grundlage von Bildungsstandards und Lehrplänen

Die Planung von Unterrichtseinheiten erfolgt in der Regel nicht isoliert, sondern im Rahmen eines Jahresplanes, der Einheiten mit ihren Hauptzielen festlegt. Solche Pläne werden mitunter individuell vom Lehrer entwickelt, zumeist jedoch als schulinterne Curricula (SCHICs) in Fachkonferenzen abgesprochen und als verbindlich beschlossen. Die Konsequenz ist dann, dass Anfänger – Praktikanten, Referendare und neue Lehrer – ihre Fähigkeiten zur selbstständigen Entwicklung von Hauptzielen zunächst ‚nur' zu deren kritischer Reflexion sowie gegebenenfalls zu einer Ergänzung nutzen und mit eigenen Entscheidungen weitgehend erst auf den folgenden Stufen der Unterrichtsplanung beginnen. In jedem Fall erfolgt die Entwicklung von Jahresplänen unter Berücksichtigung der übergeordneten curricularen Vorgaben durch die Bildungsstandards und Lehrpläne. Die Bildungsstandards geben für die einzelnen Fächer Kompetenzbereiche und zentrale Standards vor, die für alle Bundesländer gültig sind. Es liegen Bildungsstandards für den Primarbereich, für den Mittleren Schulabschluss und für die Allgemeine Hochschulreife vor. Unterhalb der Bildungsstands sind die Lehrpläne der einzelnen Bundesländer angesiedelt; diese Lehrpläne sollen die Bildungsstandards konkretisieren.

Mit Blick auf die übergeordneten curricularen Vorgaben wird im Rahmen des Jahresplanes vor der Entwicklung von Hauptzielen (vgl. KAPITEL I.2) zunächst festgelegt, wie viele Einheiten zu welchen Kompetenzbereichen im Rahmen eines Schul- bzw. Halbjahres für eine Lerngruppe durchgeführt werden sollen. Die Kompetenzbereiche werden in den unterschiedlichen Bildungsstandards und Lehrplänen nicht vollständig einheitlich definiert. Sie orientieren sich an den Bereichen „Lesen – mit Texten und Medien umgehen", „Schreiben", „Sprechen und Zuhören" sowie „Sprache und Sprachgebrauch untersuchen". Alternativ werden prozessbezogene Bereiche – Sprechen/Zuhören, Schreiben sowie Lesen – und diese Bereiche konkretisierende inhaltsbezogene Bereiche – Sprache und Sprachgebrauch reflektieren, sich mit Texten und Medien auseinandersetzen – unterschieden.

Alle Kompetenzbereiche sind von einem Jahresplan abzudecken, werden aber in der Regel nicht gleichermaßen berücksichtigt. Einheiten zu den Bereichen „Lesen" sowie „Texte schreiben" dominieren zumeist, weil hier in der Regel der größte Förderungsbedarf besteht. Für den Bereich „Lesen" gilt zudem, dass er Sachtexte und literarische Texte (sowie Medienproduktionen) umfasst und auf diese Weise besonders umfangreich ist. Häufig werden die beiden Bereiche Lesen und Schreiben auch durch bereichsübergreifende Einheiten zusammengefasst (z.B. literarische Texte erschließen und Figuren schriftlich charakterisieren). Die Bereiche „Sprache und Sprachgebrauch untersuchen" sowie „Sprechen und Zuhören" treten im Rahmen von bereichsübergreifenden Einheiten oder auch gesondert hinzu.

5. Planung und schriftlicher Unterrichtsentwurf

Für die schriftliche Planung sowohl von Unterrichtseinheiten als auch von Unterrichtsstunden haben sich bestimmte Formen etabliert.

Die Leistungen solcher Entwürfe sollte man nicht unterschätzen. Für den täglichen Unterricht ist zumindest eine knappe schriftliche Planung eine notwendige Hilfe.

Aber auch der ‚lange' Unterrichtsentwurf beispielsweise für einzelne Stunden in Praktika, Hospitationsstunden und Prüfungen hat seinen Sinn. Er dient der Dokumentation einer systematischen Planung und zugleich einer Entwicklung der entsprechenden Fähigkeiten; denn wer sich der Mühe unterzieht, seine Planungsentscheidungen zu verschriftlichen, muss alle Planungsschritte und ihre Zusammenhänge besonders genau durchdenken.

Es ist allerdings grundlegend zu unterscheiden zwischen einem Planungsmodell, wie es hier entwickelt wird, und einem schriftlichen Unterrichtsentwurf.

Das Modell zielt auf eine Darstellung der gedanklichen Stufen, die im Prozess einer Planung zu bewältigen sind. Jeder, der unterrichtet, hat mit diesen Stufen täglich zu tun.

Unterrichtsentwürfe hingegen sind bestimmte Textformen mit ihren eigenen Konventionen. Sie sollten aber so aufgebaut sein, dass sie insgesamt den Planungsprozess möglichst genau abbilden. Entsprechende Textformen werden in einem eigenen Kapitel erörtert (vgl. KAPITEL III).

I. Die Planung von Unterricht, Teil 1:
Fokus Unterrichtseinheit

1 Die Bedingungsanalyse: Lernvoraussetzungen

Die Klärung der Lernvoraussetzungen steht am Beginn der Unterrichtsplanung. Als zentrale Bedingungen des Unterrichts bilden sie die Grundlage für alle eigenen Entscheidungen der Planung, zu den Zielen und Themen sowie zur Gestaltung des Unterrichts. Die Lernvoraussetzungen werden also fortlaufend in den Planungsprozess einbezogen.

Im Anschluss an ihre Bestimmung werden die Lernvoraussetzungen daraufhin befragt, welche didaktischen und methodischen Schlussfolgerungen sie für den zu planenden Unterricht nahelegen. Für die Bestimmung der Lernvoraussetzungen sind vor allem die im Folgenden aufgeführten Aspekte von Bedeutung.

Institutionelle Rahmenbedingungen:

- Schulorganisation mit Blick auf den zu planenden Unterricht: Findet der Unterricht stets in Doppelstunden statt oder auch in Einzelstunden oder größeren ‚Blöcken'? Welche Stunden stehen im Verlauf des Schultages und des Schuljahres zur Verfügung (erste Stunde, letzte Stunde, Stunden vor den Ferien ...)? Zu berücksichtigen ist, dass Unterrichtseinheiten zumeist zehn bis zwanzig Stunden umfassen.
- Räumliche und mediale Bedingungen des zu planenden Unterrichts: etwa die Sitzordnung und die Medienausstattung (Gibt es ein Smartboard statt einer herkömmlichen Tafel? etc.).

Soziokulturelle und pädagogische Voraussetzungen:

- Anzahl der (männlichen und weiblichen) Schüler, Alter und Entwicklungsstand;
- sprachliche, soziale und kulturelle Differenzen sowie weitere Unterschiede, z.B. in den ‚Lernstilen';
- Sozialverhalten der Schüler;
- zudem: inklusive Klasse mit Schülern, die diagnostizierte Lernbeeinträchtigungen und Förderbedarfe haben?

Die Auseinandersetzung mit den genannten Aspekten erfolgt mit Blick auf den zu planenden Unterricht und soll die Reflexion der fachspezifischen Voraussetzungen nicht überlagern. Nur Aspekte, die voraussichtlich für den Unterricht eine besondere Bedeutung haben werden, sind genauer zu reflektieren.

Leistungsstärke, Kenntnisse und Fähigkeiten sowie Interessen:

Von zentraler Bedeutung für die Unterrichtsplanung sind die Leistungsstärke einer Lerngruppe, ihre bereits erworbenen Kenntnisse und Fähigkeiten sowie ihre Interessen, jeweils in den für den Unterricht relevanten Kompetenzbereichen des Deutschunterrichts (z. B. „Sprechen und Zuhören" und „Lesen – mit Texten und Medien umgehen" bzw. „sich mit Texten und Medien auseinandersetzen" [vgl. die Bildungsstandards im Fach Deutsch für den Mittleren Schulabschluss/für die Allgemeine Hochschulreife]).

Die Bestimmung von Kenntnissen und Fähigkeiten in den relevanten Kompetenzbereichen kann in manchen Fällen summarisch erfolgen („Schüler verfügen über die im Lehrplan geforderten Kenntnisse und Fähigkeiten"). Häufig bietet sich auch eine Präzisierung mit Blick auf Standards beziehungsweise fachdidaktische Modelle an („Schüler verfügen über textanalytische Fähigkeiten mit Nutzung der Kategorien …"). Als Orientierung für die Bestimmung der Leistungsstärke können bisherige Zensuren der Schüler genutzt werden, zudem oder ersatzweise auch aktuelle Unterrichtsbeobachtungen.

Zwischen Lerngruppen einer Jahrgangsstufe kann es große Unterschiede in der Leistungsstärke geben, von ‚Vorzeigegruppen' bis hin zu Gruppen, in denen Lernprozesse nur eingeschränkt ergiebig ausfallen. Auch innerhalb von Lerngruppen sind solche Unterschiede zu finden. Sie sind neben sprachlichen, soziokulturellen und weiteren Differenzen unter dem Aspekt Heterogenität zu berücksichtigen und prägen gegebenenfalls die weitere Planung in hohem Maße, indem sie Maßnahmen zu einer Binnendifferenzierung des Unterrichts nahelegen, beispielsweise im Bereich der Aufgaben.

Methoden, Sozialformen, Arbeitstechniken und Mediennutzung:
Für die jeweiligen Kompetenzbereiche sind ergänzend Kenntnisse und Fähigkeiten in der Nutzung von Sozialformen, Arbeitstechniken und Medien zu berücksichtigen. So zum Beispiel Erfahrungen mit der Textanalyse (Methode), mit dem überfliegenden Lesen (Arbeitstechniken) oder dem Smartboard (Medien).

Beispiel für Lernvoraussetzungen
(Fokus Kompetenzbereich „Sich mit Texten und Medien auseinandersetzen")

Lerngruppe: Gymnasium, Jahrgangsstufe 10

Institutionelle Bedingungen:
- Schulorganisation: Unterricht in Einzel- und Doppelstunden, …
- räumliche und mediale Bedingungen: …

Soziokulturelle und pädagogische Voraussetzungen:
- 25 Schüler (weiblich/männlich 14/11)
- zwei Schüler mit diagnostiziertem Förderbedarf …

Leistungsstärke der Lerngruppe im Umgang mit literarischen Texten:
- Leistungsstärke: mittleres (Gymnasial-)Niveau; – Heterogenität der Lerngruppe: …
- Interesse an literarischen Texten: …
- Kenntnisse und Fähigkeiten im Bereich „mit Texten und Medien umgehen: literarische Texte erschließen":
  - grundlegende Kenntnisse von Analysekategorien für erzählende Texte und grundlegende Fähigkeiten zur Anwendung dieser Kategorien; …
  - grundlegende Fähigkeiten zur Bildung von Deutungshypothesen zu literarischen Texten
  - …

Checkliste 1

Analysiere die Lerngruppe mit Blick auf den zu planenden Unterricht unter den folgenden Aspekten und ziehe jeweils Schlussfolgerungen für die Planung der Einheit (Ziele/Themen, Methoden):

- [ ] institutionelle Bedingungen (Schulorganisation, räumliche und mediale Bedingungen);
- [ ] soziokulturelle und pädagogische Voraussetzungen;
- [ ] Leistungsstärke (inkl. Heterogenität) der Lerngruppe, Kenntnisse und Fähigkeiten sowie Interessen in den jeweiligen Kompetenzbereichen und
- [ ] Erfahrungen mit Methoden und Sozialformen für die jeweiligen Kompetenzbereiche.

2 Das Hauptziel und die Auswahl von Themen

Die Entwicklung von Hauptzielen

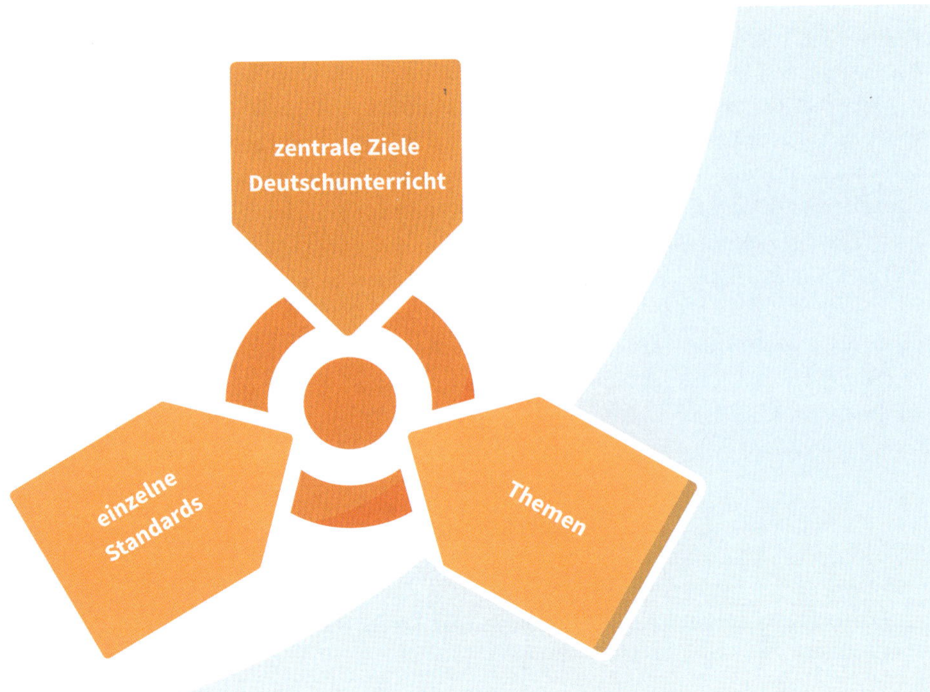

Die Hauptziele für Unterrichtseinheiten werden schon im Rahmen des Jahresplanes entwickelt (vgl. EINFÜHRUNG, TEILKAPITEL 4). Die folgenden Planungsschritte führen zu einer entsprechenden Zielbestimmung. Die Lernvoraussetzungen der Schüler werden für alle Schritte mit berücksichtigt.

Zentrales Ziel
Unterrichtseinheiten haben ihren Ausgangspunkt in der Regel in einem zentralen Ziel des Deutschunterrichts, das durch den für die Einheit ausgewählten Kompetenzbereich (vgl. EINFÜHRUNG, TEILKAPITEL 4) schon vorgegeben ist. Für bereichsübergreifende Einheiten können auch mehrere zentrale Ziele maßgeblich sein. Ziele für den Deutschunterricht sind zumeist Kompetenzen (d. h. Fähigkeiten zur Problemlösung auf Grundlage von Wissen und Können), können sich aber auch auf Haltungen (z. B. Lesemotivation) richten. Die zentralen Ziele des Deutschunterrichts finden sich in fachdidaktischen Zielmodellen und ähnlich in den Bildungsstandards und Lehrplänen, beispielsweise in den zusammenfassenden Standards für die einzelnen Kompetenzbereiche in den Bildungsstandards Deutsch für die Allgemeine Hochschulreife (vgl. KMK 2012).

Von besonderer Bedeutung – und auch für die Sekundarstufe I maßgeblich – sind die folgenden zentralen Ziele:

- „in mündlichen Kommunikationssituationen angemessen handeln“ (für den Bereich „Sprechen und Zuhören“),
- „Texte erschließen“ (für den Bereich „Lesen – mit Texten und Medien umgehen“ bzw. für die Bereiche „Lesen“ und „Sich mit Texten und Medien auseinandersetzen“, vgl. EINFÜHRUNG, TEILKAPITEL 4),
- „kohärente Texte verfassen“ (für den Bereich „Schreiben“) sowie
- „Sprachwissen und Sprachbewusstheit erweitern“ (für den Bereich „Sprache und Sprachgebrauch untersuchen“).

Präzisierung
Die zentralen Ziele sind für eine Einheit jedoch zu allgemein und müssen präzisiert werden. Eine solche Präzisierung kann zum einen durch genauere Angaben von zu erwerbenden Kompetenzen oder Haltungen geleistet werden und zum anderen durch eine Nennung von Themen. In der schulischen Praxis werden zumeist beide Wege miteinander verbunden.

a) Standardorientierter Weg: Für eine Präzisierung des Hauptziels durch Kompetenzen oder Haltungen bieten sich in vielen Fällen einzelne Standards aus den Bildungsstandards beziehungsweise Lehrplänen oder auch Teilziele aus fachdidaktischen Zielmodellen an. Ein Beispiel: Das zentrale Ziel „Die Schüler schreiben kohärente Texte" kann durch gängige Standards konkretisiert werden, die die Planung, das Formulieren und Überarbeiten von Texten einfordern.

Für bereichsübergreifende Einheiten werden zumeist mehrere präzisierende Standards oder Teilziele aus unterschiedlichen Kompetenzbereichen genutzt. Aber auch für ‚einfache' Einheiten müssen häufig mehrere Standards gewählt und zudem eventuell zusammengefasst werden, weil einzelne Standards für Hauptziele von Einheiten zu speziell sein können.

b) Themenorientierter Weg: Er spielt für die schulische Praxis eine besondere Rolle. Der heute vorherrschende kompetenzorientierte Unterricht zielt zwar auf den Erwerb von Fähigkeiten, die auf möglichst viele Gegenstände angewendet werden können. Dennoch ist die Festlegung von Themen bei der Unterrichtsplanung von großer Bedeutung, da Unterricht stets auf Gegenstände bezogen sein muss, die wiederum die Unterrichtsgestaltung stark beeinflussen. Alternative Bezeichnungen für Unterrichtsthemen sind Unterrichtsinhalte oder Lerngegenstände. Auch Texte können Themen des Unterrichts sein (vgl. Vertiefung S. 18), ausnahmsweise auch Methoden wie beispielsweise der Interpretationsaufsatz.

VERTIEFUNG

Themen, die in Hauptzielen für Einheiten zu berücksichtigen sind, finden sich teilweise in den Lehrplänen der einzelnen Bundesländer. Themen auf einem hohen Abstraktionsniveau (z.B. epische, lyrische, informierende, argumentierende Texte) sind häufig schon in den Standards enthalten. Zumeist ist dann noch eine Spezifizierung solcher übergreifender Themen notwendig, beispielsweise durch die Angabe von Genres oder Epochen. Auch Vorgaben solcher speziellerer Themen erfolgen mitunter durch Lehrpläne, in der Regel als ‚Inhalte' separat von den Standards. (Etwa die Vorgabe der Schreibform lineare Erörterung für die zehnte Jahrgangsstufe, z. B. im Lehrplan Deutsch 1-10 in Brandenburg.)

Je nach Konkretheit des Lehrplans müssen aber eventuell auch durch ihn nicht vorgegebene speziellere Themen in Hauptziele aufgenommen werden (vor allem gilt das für Ganzschriften). Mitunter machen die Schulkonferenzen – gegebenenfalls mit Blick auf Abiturthemen – entsprechende Vorgaben, mitunter kann aber auch der Lehrer seine eigene Wahl treffen. Sofern Themen nicht vorgegeben sind, ist ihre Wahl mit Blick auf die Lerngruppe und das Hauptziel kurz zu begründen. Der Faktor Motivation der Schüler ist zu beachten.

Das Thema innerhalb eines Hauptziels soll angemessen konkret ausfallen. Dafür sorgt häufig die Kombination mehrerer (speziellerer) Themen (z. B. „Kurzprosa der Moderne", „Kurzprosa nach 1945 mit dem Fokus Liebesbeziehungen", „lineare Erörterung zum Thema Zivilcourage"). Auch eine Aufgliederung von Themen in Teilthemen (z. B. des Themas „Konjunktiv" in „Konjunktiv I" und Konjunktiv II" oder des Themas „Goethes ‚Faust'" in Schwerpunkt „Faust I" und Kontext „Faust II") ist schon im Rahmen des Hauptziels möglich.

Exemplarische Herleitung eines Hauptziels im Kompetenzbereich „sich mit Texten und Medien auseinandersetzen", Teilbereich: „sich mit literarischen Texten auseinandersetzen"

- **zentrales Ziel** (für Lerngruppe der Jahrgangsstufe 11, 2. Halbjahr): literarische Texte erschließen
- **Thematische Präzisierung** durch Vorgabe Lehrplan: Literatur um 1800; weitere Präzisierung: das Drama „Iphigenie auf Tauris" von Goethe (keine Vorgabe des Lehrplans; Begründung der Textauswahl: ...)
- **Präzisierung durch ausgewählte Standards:** literarische Texte im Kontext ihrer Entstehungszeit erschließen; intertextuelle Bezüge für die Texterschließung nutzen
- gewählte Standards legen **weitere thematische Präzisierung** nahe: „Iphigenie" als Werk der deutschen Klassik; „Iphigenie" im Vergleich zu „Iphigenie bei den Taurern" von Euripides

- **HAUPTZIEL:** „Die Schüler können ‚Iphigenie auf Tauris' von Goethe als Werk der deutschen Klassik und im Vergleich zu ‚Iphigenie bei den Taurern' von Euripides erschließen."

2 Die Formulierung von Zielen

In eine Zielformulierung gehen die zu fördernden Kompetenzen, mitunter auch Haltungen, und die gewählten Themen ein. Als Basisvariante für die Formulierung von Hauptzielen inklusive Themen kann gelten:

„Die Schüler können" + Thema (bzw. Text) + Kompetenz (Formulierung mittels Verb).

Diese Basisvariante kann auf verschiedene Weisen ergänzt oder verändert werden (vgl. Beispiele S. 19).
Für die Formulierung von Hauptzielen ist die Beziehung von Thema und Text von grundlegender Bedeutung. Ist beispielsweise ein Thema mit einer Ganzschrift identisch, dann wird der entsprechende Text im Ziel genannt. Die Beziehung von Thema und Text ist für die Kompetenzbereiche des Deutschunterrichts allerdings verschieden (vgl. u. Vertiefung).

Zudem gilt für die Zielformulierung: Nach Möglichkeit sollen die Ziele operationalisierbar, d. h. überprüfbar sein. Deshalb werden zu ihrer Formulierung häufig die eigentlich für Aufgaben gültigen Operatoren genutzt, die konkrete Schülerhandlungen beziehungsweise deren sichtbare Ergebnisse bezeichnen (vgl. KAPITEL II.5.4).

VERTIEFUNG

Die **Beziehung von Thema und Text** in den verschiedenen Kompetenzbereichen:

Für den **Umgang mit literarischen (und medialen) Texten** ist das Thema einer Einheit häufig mit einer Ganzschrift oder einem Film identisch (z. B. mit Goethes „Faust I"). Kontexte (insbesondere Epochen und Gattungen bzw. Genres) können Teilthemen des Themas bilden (z. B. Goethes „Faust I" im Kontext der Epoche der deutschen Klassik). Das Thema im Bereich literarischer Texte kann aber auch ein Genre beziehungsweise eine literarische Epoche oder das Werk eines Autors sein (z. B. Märchen und Sagen, Dramen des Sturm und Drang, Goethes Gedichte), gegebenenfalls mit einer Eingrenzung im Sinne eines ‚inhaltlichen' Themas (z.B. Liebesgedichte vom Barock bis zur Moderne). Literarische Einzeltexte werden in diesem Fall als Teilthemen des Themas ausgewählt, häufig aber erst im Anschluss an die Bestimmung des Hauptziels und ohne in die Zielformulierung aufgenommen zu werden.

Für die Bereiche **Umgang mit Sach- (und medialen) Texten, Textschreiben** sowie **Sprechen und Zuhören** sind Themen zumeist Textgattungen oder -genres (z. B. argumentierendende Texte, Bericht), die gegebenenfalls im Sinne ‚inhaltlicher Themen' eingegrenzt werden (z. B. informierende Sachtexte über Tiere). Konkrete Texte werden (zumeist nach der Bestimmung des Hauptziels) als Teilthemen festgelegt, sofern ihre Erschließung für den Unterricht zentral ist. Falls Texte lediglich der Erarbeitung von Genremerkmalen oder der Anregung einer Textproduktion dienen, sind sie allerdings (ähnlich wie Informationstexte für den Literaturunterricht) nicht selbst Teilthemen, sondern nur Hilfsmittel und werden erst im Rahmen der methodischen Analyse begründet ausgewählt.

Für die **Bereiche Rechtschreibung** und **Über Sprache und Sprachgebrauch nachdenken** sind in der Regel sprachliche Strukturen (z.B. das/dass, Konjunktiv, Wortfelder) die Themen von Einheiten, mitunter auch pragmatische Aspekte der Sprache (z. B. Sprache im Wandel, Kommunikationsmodelle). Texte oder andere Materialien (z. B. Wörterschlangen, Textbausteine) für eine Erarbeitung oder Anwendung der sprachlichen Phänomene sind keine Themen und werden durch die methodische Planung festgelegt.

Beispiele für die Formulierung von Hauptzielen

1. **Als Basisvariante für die Formulierung kann gelten:**
   „Die Schüler können" + Thema + Kompetenz (Formulierung mittels Verb)
   Beispiel: „Die Schüler können eine lineare Erörterung schreiben."
2. **Eine erweiterte Basisvariante nimmt eine ergänzende Präzisierung des zentralen Ziels vor, sprachlich markiert etwa durch „unter Berücksichtigung von" oder „indem ...":**
   „Die Schüler können" + Thema + Kompetenz **mit Spezifizierung** (durch ein Teilziel/einzelne oder zusammengefasste Standards)
   Beispiel : „Die Schüler können ‚Homo faber' unter Berücksichtigung des historischen Kontextes erschließen."; „Die Schüler können ‚Homo faber' erschließen, indem sie Kategorien der Handlungs- und Figurenanalyse anwenden."
3. **Eine weitere erweiterte Basisvariante nimmt eine Kombination mehrerer Themen vor:**
   „Die Schüler können" + Thema + Thema + Kompetenz
   Beispiel: „Die Schüler können eine textgebundene Erörterung zum Thema Gewalt verfassen."
4. **Eine Zielformulierung kann das Ziel einer Vertiefung bereits vorhandener Kompetenzen berücksichtigen:**
   „Die Schüler können" + Thema + Kompetenz ohne/mit Spezifizierung + „und vertiefen dabei ihre Fähigkeiten" + Kompetenz(en)
   Beispiel: „Die Schüler können ... erschließen ... und vertiefen dabei ihre Fähigkeiten der Erschließung epischer Texte."
5. **Es können Wissensbestände, die erworben werden sollen, eigens (ergänzend) genannt werden:**
   „Die Schüler können" + ... + „und dabei Wissen über" + Wissen + „nennen und anwenden"
   [alternativ: „Die Schüler können" + „auf Grundlage von Wissen über" + Wissen + Thema + zentrales Ziel]
   Beispiel: „Die Schüler können ‚Das Brot' von Wolfgang Borchert erschließen und dabei Wissen über die Literatur der Nachkriegszeit nennen und anwenden."

Checkliste 2

Bestimme ein Hauptziel der Einheit:

☐ Bestimme das Hauptziel im Rahmen eines Jahresplanes. Lege mit dessen Hilfe fest, welcher Kompetenzbereich durch die Einheit berücksichtigt werden soll und ordne der Einheit das passende zentrale Ziel zu (z. B. „literarische Texte erschließen", „Texte schreiben"). Fasse ggf. auch mehrere Kompetenzbereiche mit den entsprechenden Zielen zusammen.

☐ Präzisiere das zentrale Ziel a) durch Standards in Curricula bzw. Teilziele in Zielmodellen (z. B. literarische Texte erschließen und historisch kontextualisieren; eigene Texte planen, formulieren und überarbeiten), für bereichsübergreifende Einheiten durch Standards/Teilziele aus unterschiedlichen Kompetenzbereichen; b) durch Themen, die im Rahmen von/zusätzlich zu einzelnen Standards curricular vorgegeben sind (z. B. „Faust I", Kurzgeschichten, Sturm und Drang, Erörterung, Konjunktiv II, Kommasetzung in Satzgefügen) oder die du mit Blick auf die Lerngruppe auswählst (dann kurze Begründung erforderlich).

☐ Lege das Hauptziel fest, indem du die gewünschten Kompetenzen/Haltungen und die Themen in einer bündigen Formulierung erfasst (ggf. mit Nutzung von Operatoren).

☐ Ergänze die Zielbestimmung ggf. durch die Nennung von (weiteren) Teilthemen, insbesondere Einzeltexten, ohne sie in die Zielformulierung aufzunehmen (i. d. R. kurze Begründung erforderlich).

3 Die Sachanalyse: Was gibt es da zu verstehen?

Vier Prinzipien für die Sachanalyse

Die Sachanalyse dient der Erschließung des ausgewählten Themas einschließlich etwaiger Teilthemen. Zudem umfasst sie eine Erläuterung der zu fördernden Kompetenzen. In manchen Fällen bietet es sich an, diese Kompetenzen näher darzustellen (z. B. die des Textverstehens oder Schreibens); häufig reichen aber auch eine knappe Beschreibung oder ein Verweis auf die genutzten Kompetenzmodelle. Die Sachanalyse bildet die Grundlage für die Gewinnung von Teilzielen, zunächst zum Hauptziel der Einheit.

An die Sachanalyse werden die folgenden Anforderungen gestellt:

Fachwissenschaftliche Fundierung:
Die Sachanalyse muss fachwissenschaftlich fundiert sein und ihren Gegenstand in angemessener Weise erschließen. Das bedeutet auch: Fachwissenschaftliche Schwächen schlagen unmittelbar auf die Unterrichtsplanung durch.

Eine fachwissenschaftliche Ausarbeitung mit direktem Bezug auf verschiedene Forschungsarbeiten ist für den Unterricht in der Sekundarstufe I in der Regel nicht erforderlich, wohl aber die Nutzung von Nachschlagewerken und fachdidaktischer Literatur. Für die Sekundarstufe II kann die Nutzung von Forschungsliteratur angebracht sein. Es ist aber darauf zu achten, dass einzelne Forschungsarbeiten nicht absolut gesetzt, sondern mit anderen zentralen Ansätzen beziehungsweise den eigenen Untersuchungsergebnissen abgeglichen werden. Die Sachanalyse soll insgesamt selbstständig durchgeführt werden. Handreichungen für den Unterricht können als Orientierungshilfen dienen, sind aber kritisch zu nutzen.

Knappheit:
Zugleich soll die Sachanalyse angemessen knapp ausfallen. Sie soll sich auf Aspekte beschränken, die für den Unterricht wesentlich sind, und diese Aspekte in knapper Weise abhandeln. Sie erfolgt dazu mit einer Konzentration auf das Hauptziel. Beispielsweise werden speziellere Kontexte für das literarische Textverstehen nur einbezogen, falls sie für dieses Ziel von Bedeutung sind.

Schriftlichkeit:
Die Sachanalyse soll in der Regel in schriftlicher Form geleistet werden. Das ist vor allem für Anfänger wichtig, denn sie erarbeiten sich die Unterrichtsgegenstände häufig erstmals im Rahmen der Unterrichtsplanung. Die Sachanalyse muss aber zumeist nicht ausformuliert werden, sondern kann sich auf Notizen beschränken (Stichpunkte, gegliedert nach übergeordneten Aspekten). Eine ausformulierte Sachanalyse wird nur mitunter – etwa im Rahmen ausführlicher schriftlicher Unterrichtsentwürfe – gefordert und kann zu Übungszwecken sinnvoll sein.

Zweistufigkeit:
Die Sachanalyse erfolgt in zwei Stufen: der Grobanalyse und der Feinanalyse.

- Die Grobanalyse erfasst übergreifende, zentrale Aspekte des Themas. Sie liefert ‚grobe' Ergebnisse, die für die Grobplanung einer Einheit mit ihren Teilzielen entscheidend sind (vgl. KAPITEL I.5.1).
- Die Feinanalyse ergänzt und präzisiert die Ergebnisse der Grobanalyse. Sie fällt so ‚fein' aus, dass einzelne Stunden mit Teilzielen geplant werden können (vgl. KAPITEL I.3.2).

Auf Grundlage dieser Zweistufigkeit gibt es für die Durchführung der Sachanalyse zwei Möglichkeiten: Sie kann im Rahmen der Planung der Einheit (im engeren Sinn) schon vollständig, das heißt mit den Schritten Grob- und Feinanalyse, erfolgen. Sie kann aber auch in zwei zeitlich versetzten Schritten durchgeführt werden, das heißt für die Planung der Einheit erfolgt nur die Grobanalyse, die Feinanalyse wird dann jeweils im Rahmen der Stundenplanung ‚nachgearbeitet'.

In der Praxis der Unterrichtsplanung ist die Unterscheidung von Grob- und Feinanalyse durchaus gängig, obwohl sich noch keine Termini für sie etabliert haben. Die hier vorgeschlagenen Bezeichnungen Grob- und Feinanalyse schließen an die Rede von Grob- und Feinzielen an.

Beispiele für die Grobanalyse (literarischer Text, Interpretationsaufsatz)

Grobanalyse „Das Brot" von Wolfgang Borchert:

Das zentrale Problem der Hauptfigur, der Ehefrau, besteht darin, dass ihr Ehemann gegen ihre (moralischen) Werte verstößt. Dieser Konflikt kann durch ein Gespräch, das nicht offen und ehrlich verläuft, nicht zufriedenstellend gelöst werden, die Auflösung ist nur teilweise positiv. Das Erzählen erfolgt unter umfassender Berücksichtigung von Innensicht der Frau; es werden annähernde Zeitdeckung und leichte Zeitraffung genutzt; auf Erzählerkommentare wird verzichtet. Die Erzählung ist in hohem Maße vieldeutig. „Das Brot" ist eine moderne Erzählung (gestörte Kommunikation, nur teilweise positive Auflösung, Vieldeutigkeit, hohes Maß an Innensicht). Sie kann aufgrund des dargestellten Konfliktes um moralische Werte zudem als typische Erzählung der Nachkriegsliteratur gelten. Es handelt sich um eine Kurzgeschichte, weil (v. a. aufgrund der Zeitgestaltung) ein kleiner Ausschnitt zeittypischer Wirklichkeit dargestellt wird.

Grobanalyse Interpretationsaufsatz:

Der Interpretationsaufsatz dient der Erschließung literarischer Texte in schriftlicher Form. Die Schüler sollen im Interpretationsaufsatz die entsprechende Kompetenz zu einer selbstständigen Texterschließung nachweisen und weiterentwickeln. Für das Abfassen von Interpretationsaufsätzen sind die folgenden aufeinander aufbauenden Phasen grundlegend: (1) die Planung mit a) Vorbereitung und b) Schreibplanung, (2) das Schreiben und (3) die Überarbeitung des eigenen Textes. Die Vorbereitung (1a) ermöglicht ein Textverstehen und umfasst die gleichen Schritte wie der ‚normale' Literaturunterricht, nämlich i. d. R. (i) eine Hypothesenbildung, (ii) eine Texterschließung mit Textuntersuchung (für erzählende Texte: Handlungs- und Figurenanalyse, Analyse zentraler Darstellungsverfahren) und Deutung und ggf. (iii) einen Wirklichkeitsbezug oder eine Wertung. Für die Hypothesenbildung und die Textanalyse bietet sich eine Nutzung von Strategien an, die für die jeweilige Gattung passen.
Die ‚klassische' Aufgabenstellung eines Interpretationsaufsatzes lautet: „Analysiere und interpretiere ...". Zumindest in der Sek. I müssen die Schüler die Texterschließung aber zumeist nicht völlig selbstständig leisten, sondern bekommen durch die Aufgabenstellung lenkende Hilfen, die zunächst für die Vorbereitung von Bedeutung sind.

3 Vertiefung: Grobanalyse und Feinanalyse

Für eine Unterscheidung von Grobanalyse und Feinanalyse in den unterschiedlichen Kompetenzbereichen lassen sich die folgenden Richtlinien angeben. Die Feinanalyse erfolgt jeweils spätestens für die Stunden.

- **Einheiten im Kompetenzbereich Sprechen und Zuhören:**
  Grobanalyse: Eine Darstellung der zentralen Merkmale, die für das zu produzierende oder zu rezipierende Textgenre (z. B. Referat, Bewerbungsgespräch) maßgeblich sind. Dazu kommt gegebenenfalls Wissen über die mündliche Kommunikation.
  Feinanalyse: Es sind die jeweils relevanten Merkmale genauer zu erläutern; zudem sind Texte zu untersuchen, sofern sie als Teilthemen gelten können (z. B. eine aufgezeichnete Talkshow).

- **Einheiten im Kompetenzbereich Textschreiben (ohne Rechtschreibung):**
  Grobanalyse: Eine Darstellung der zentralen Merkmale, die für das zu produzierende Textgenre (z. B. Erörterung, Leserbrief) maßgeblich sind. Dazu kommt gegebenenfalls Wissen über den Schreibprozess.
  Feinanalyse: Es sind die jeweils relevanten Merkmale des Genres genauer zu erläutern.

- **Einheiten zur Rechtschreibung und im Kompetenzbereich Sprache und Sprachgebrauch untersuchen:**
  Grobanalyse: Eine Darstellung und gegebenenfalls Diskussion der ausgewählten sprachlichen Phänomene (z. B. wörtliche und indirekte Rede, Wortstellung im Aussagesatz, Substantivierung).
  Feinanalyse: Es müssen zudem Teilaspekte der ausgewählten Phänomene genauer untersucht werden (z. B. substantivierte Verben und Adjektive).

- **Einheiten im Kompetenzbereich Lesen zur Erschließung von Sachtexten oder medialen Gebrauchstexten:**
  Grobanalyse: Eine Darstellung von Strukturen und Funktionen des gewählten Textgenres (z.B. informierender Sachtext, Reportage) sowie eine erste Einschätzung der vorherrschenden Strukturen und Funktionen der gewählten Einzeltexte und ihre vorläufige Einordnung in das Genre.
  Feinanalyse: Es sind die Einschätzungen der Einzeltexte auf der Grundlage von lokalen und globalen Kohärenzbildungen sowie einer Untersuchung von Superstrukturen und gegebenenfalls von Besonderheiten der Form zu überprüfen und zu verfeinern.

- **Einheiten im Kompetenzbereich Lesen zu literarischen Ganzschriften und Spielfilmen:**
  Grobanalyse: Eine grobe Erschließung zentraler Elemente von Handlung und Darstellung mit Festlegung, aber ohne genauere Untersuchung von Kernstellen und ein erster Abriss des Deutungsspektrums. Ebenso wie für Einheiten zu literarischen Epochen oder Genres gilt, dass die Möglichkeiten

für Wirklichkeitsbezüge oder Wertungen auch erst im Rahmen der didaktischen Analyse umrissen werden können.

Feinanalyse: Es ist darüber hinaus eine Erschließung von Kernstellen (Erkennen von zentralen Elementen der Handlung ggf. mit Deutung und zentralen Elementen der Darstellung mit Funktionsbestimmung) sowie eine Überprüfung und Ergänzung der möglichen Gesamtdeutungen nötig.

- **Einheiten im Kompetenzbereich Lesen zu literarischen Epochen oder Genres:**

  Grobanalyse: Eine Darstellung und gegebenenfalls Diskussion der Epochen- oder Gattungsmerkmale. Dazu kommen eine grobe Erschließung der ausgewählten Einzeltexte (Angabe des Textthemas oder des zentralen Problems der Handlung, ggf. von weiteren zentralen Elementen des Inhalts, auffälligen Elementen der Form und des Ausmaßes an Vieldeutigkeit) sowie eine erste Einordnung in Epoche beziehungsweise Genre.

  Feinanalyse: Die Einzeltexte sind vertiefend zu erschließen (Erkennen von zentralen Elementen des Inhalts ggf. mit Deutung und der Form mit Funktionsbestimmung, Gesamtdeutung) und es muss ihre vorläufige Einordnung überprüft werden.

Beispiel für die Feinanalyse eines literarischen Textes

Feinanalyse von „Das Brot" von Wolfgang Borchert:

1. Erkennen von zentralen Textelementen:

▶ Handlung und Figuren:

- Hauptfigur: Ehefrau
- Komplikation und Gut: Ihr Mann nimmt sich heimlich mehr von dem gemeinsamen Brotvorrat, als ihm zusteht (in einer Mangelsituation, mutmaßlich in der deutschen Nachkriegszeit) und lügt sie an, als sie ihn ertappt. Das Gut der Ehefrau ist nicht das Brot, sondern die (mangelnde oder bedrohte?) Ehrlichkeit in einer langjährigen Ehe, vermutlich auch die Solidarität des Partners in einer Notsituation. Sie kommt ihm aber sofort beim Lügen zu Hilfe, und deshalb ist noch ein weiteres zentrales Gut der Frau anzunehmen, die Möglichkeit für den Mann, sein ‚Gesicht zu wahren'.
- ...

2. Deutungsmöglichkeiten:

▶ Manche Menschen wollen (fast) um jeden Preis für das unmittelbare (seelische) Wohlbefinden ihres Partners sorgen (oder: den Anschein einer harmonischen Partnerschaft bewahren). Zugunsten dieser Fürsorge nehmen sie auch den Verlust anderer, für sie wichtiger Werte wie Ehrlichkeit oder Solidarität in Kauf. ...

▶ ...

Checkliste 3

Führe eine Sachanalyse des ausgewählten Themas durch:

- ☐ Beschränke dich auf zentrale Aspekte (vgl. Hauptziel).
- ☐ Achte auf eine fachwissenschaftliche Angemessenheit.
- ☐ Fertige Notizen an (Ganztext im Einzelfall).
- ☐ Führe die Sachanalyse in zwei Teilen durch: Grobanalyse für Ebene der Einheit und Feinanalyse für Ebene der Stunden. Option: Feinanalyse erst in der Planung der Stunden vornehmen.

4 Die didaktische Analyse

Teilziele für Unterrichtseinheiten gewinnen

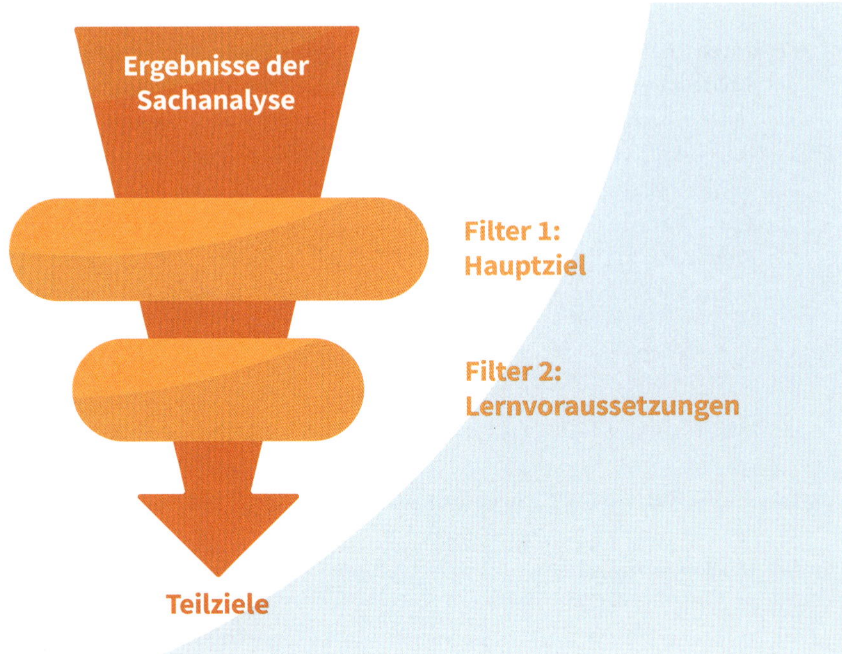

In der didaktischen Analyse werden die zentralen Elemente der Unterrichtsplanung, nämlich die Schüler (mit ihren Lernvoraussetzungen), das (schon gefundene) Ziel und das (sachanalysierte) Thema zusammengeführt, um konkretere Ziele, Teilziele für die Unterrichtseinheit zu gewinnen. Die entsprechenden Ziele werden im Rahmen einer Argumentation entwickelt und anschließend festgelegt sowie sprachlich fixiert.

Gewinnung von Teilzielen: Die Ergebnisse der Sachanalyse werden in der didaktischen Analyse mit den Lernvoraussetzungen der Schüler und dem Hauptziel abgeglichen und sozusagen gefiltert. Dazu wird die folgende grundlegende Frage gestellt:

- **Welche Aspekte der Sachanalyse bieten sich für die Behandlung im Unterricht (besonders) an, damit das bereits entwickelte Hauptziel der Einheit für die Lerngruppe erreicht werden kann? Welche bieten sich nicht an?**

Die didaktische Reduktion (Welche Aspekte werden nicht übernommen?) ist damit Teil der didaktischen Analyse. Falls der Fokus auf das Tilgen von Aspekten gelegt wird, kann aber auch der gesamte Prozess der didaktischen Analyse didaktische Reduktion genannt werden.

Die entsprechende Prüfung und gegebenenfalls Tilgung von Ergebnissen der Sachanalyse erfolgt vor allem auf Grundlage der folgenden Überlegung:

- **Ist ein Aspekt zentral oder aber zu abseitig, das heißt nicht erforderlich für das Erreichen des Hauptzieles? (Abgleich mit Hauptziel)**

Im Rahmen einer Beantwortung der Frage ist es angemessen, den Aspekt mit einzelnen Standards aus Lehrplänen abzugleichen. Die entsprechenden Standards sind bereits in das Hauptziel eingeflossen: Das kann entweder durch eine direkte Aufnahme in das Hauptziel oder abstrahierend erfolgt sein (vgl. KAPITEL I.2.1). Die Standards können auf diese Weise auf die Gewinnung von Teilzielen Einfluss nehmen; zugleich wird ein standardorientierter Unterricht gewährleistet.

Ergänzend zum Abgleich mit dem Hauptziel ist zu fragen:

- **Ist ein Aspekt angemessen anspruchsvoll für die Lerngruppe oder aber zu schwer oder zu leicht? Ist ein Aspekt mit den Interessen der Schüler und mit weiteren, beispielsweise organisatorischen, Voraussetzungen vereinbar oder aber nicht vereinbar? (Abgleich mit Lernvoraussetzungen)**

Die Aspekte, die mit Hilfe der didaktischen Analyse aus der Sachanalyse ‚gefiltert' werden, ergeben die Teilziele der Einheit. Die Teilziele fokussieren und präzisieren bestimmte Aspekte des Hauptziels. Diese Präzisierungen bestehen eventuell in einer genaueren Angabe von Kompetenzen und auf jeden Fall in thematischen Konkretisierungen, gegebenenfalls unter Berücksichtigung von Teilthemen der Einheit.

VERTIEFUNG

Die Präzisierung des Hauptziels hat in unterschiedlichen Bereichen verschiedene Schwerpunkte:

- Für **Einheiten zu literarischen Ganzschriften oder Spielfilmen** richten sich die thematischen Konkretisierungen der Teilziele häufig auf Elemente von Handlung oder Darstellung des Textes (Figur X, Komplikation Y, Darstellungsverfahren Z etc.); dazu passend werden Teilkompetenzen der Kompetenz Texterschließung ausgewählt. Mitunter zielt die thematische Präzisierung auch auf Kontextwissen (z. B. Epochenwissen), das erworben und angewandt werden soll.
- Für **Einheiten zu literarischen Genres oder Epochen** umfassen die thematischen Konkretisierungen der Teilziele der Einheit zumeist einen der für die Einheit ausgewählten literarischen Texte, mitunter auch mehrere, und zentrale Textelemente; ergänzt werden entsprechende Teilkompetenzen der Texterschließung. Dazu kommen häufig noch Präzisierungen durch Kontextwissen (z. B. Gattungs- oder Epochenwissen).
- Die Teilziele von **Einheiten zum Verstehen oder Schreiben von Sachtexten** oder **medialen Gebrauchstexten** sowie zum **Sprechen und Zuhören** werden zumeist durch Aspekte des behandelten Genres (thematisch) konkretisiert, mitunter auch durch eine Spezifizierung von Kompetenzen.
- Die Teilziele von **Einheiten zur Rechtschreibung** oder zum **Untersuchen und Reflektieren von Sprache** enthalten zumeist thematische Präzisierungen, die sich aus einer Aufgliederung der für die Einheit maßgeblichen sprachlichen Phänomene ergeben.

Beispiele für ausformulierte Teilziele von Unterrichtseinheiten

Einheiten zu literarischen Ganzschriften: Die Schüler können ...

... das Grundproblem von Faust analysieren und deuten (Einheit zur Erschließung von „Faust I").

... auf Grundlage einer Textuntersuchung diskutieren, ob die Figuren Effi und Geert eine Entwicklung erfahren (Einheit zur Erschließung von „Effi Briest").

... die weitgehend personale Erzählperspektive des Textes analysieren und ihre Funktionen erörtern (Einheit zur Erschließung von „Die Verwandlung").

Einheiten zu literarischen Genres oder Epochen: Die Schüler können ...

... „Das Brot" unter besonderer Berücksichtigung der Probleme und der Innensicht der Frau erschließen (Einheit zur Erschließung moderner Kurzprosa).

... Gattungsmerkmale der Kurzgeschichte (v. a. ...) darstellen und auf Texte anwenden (Einheit s. o.).

Einheiten zum Verstehen und Schreiben von Sachtexten und zum Sprechen/Zuhören: Die Schüler können ...

... beschreibende und erzählende Strukturmuster von Sachtexten darstellen und für die Texterschließung nutzen (Einheit zur Erschließung informierender Sachtexte).

... den Hauptteil einer Erörterung schreiben (Einheit zum Schreiben einer linearen Erörterung).

... Wissen zum Aufbau von Argumenten erwerben und anwenden (Einheit zur Förderung von Kompetenzen des Diskutierens).

... einen Text planen, indem sie eine Gliederung ihrer Erörterung erstellen (Einheit zum Schreiben einer Erörterung).

Einheiten zur Rechtschreibung und zur Untersuchung und Reflexion von Sprache: Die Schüler können ...

... temporale, kausale und konditionale Nebensätze einschließlich ihrer Funktionen bestimmen und für die eigene Textproduktion nutzen (Einheit zur Untersuchung und Reflexion von Satztypen).

... zentrale Regeln zur Kommasetzung zwischen Haupt- und Nebensätzen nennen und anwenden (Einheit zur Förderung von Kompetenzen zur Zeichensetzung).

... persönliche und gesellschaftliche Funktionen von Jugendsprache erläutern und diskutieren (Einheit zur Untersuchung und Reflexion von Jugendsprache).

4 Teilziele für Unterrichtseinheiten festlegen

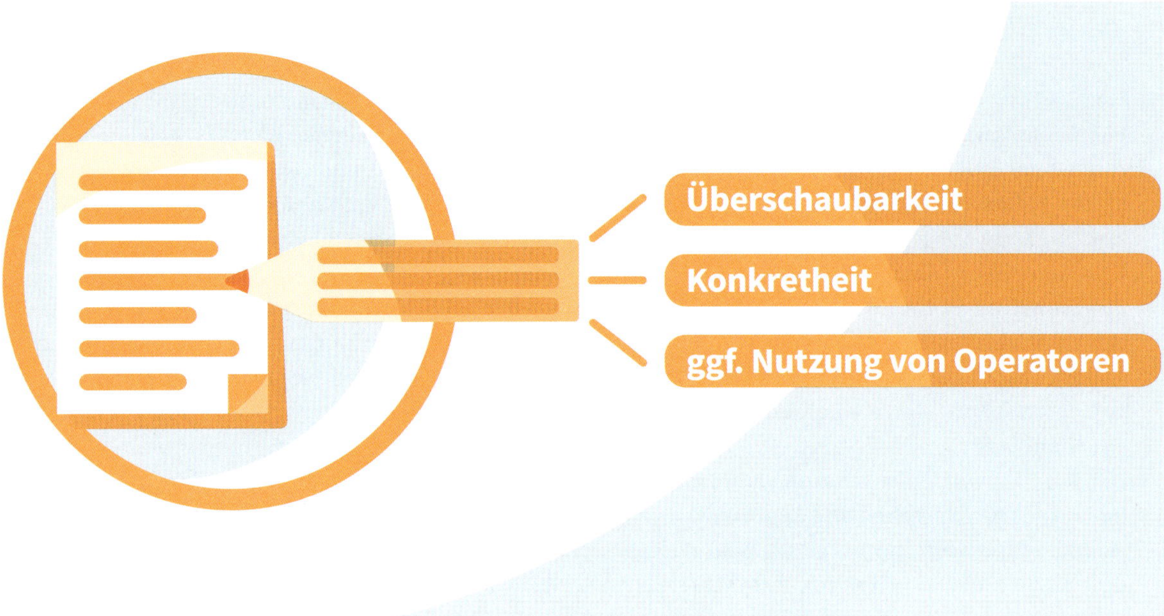

Für die abschließende Festlegung und sprachliche Fixierung der Teilziele, die für eine Einheit mittels der didaktischen Analyse gewonnenen wurden, gelten die folgenden drei Prinzipien:

1) **Überschaubarkeit und Gewichtung von Zielen:** Damit die folgende Unterrichtsplanung nicht ‚zerfasert', ist eine Beschränkung auf eine überschaubare Anzahl von Zielen erforderlich. In der Regel sind etwa fünf bis zehn Teilziele für eine Unterrichtseinheit mittleren Umfangs (mit fünf bis zehn Doppelstunden) ausreichend. Gegebenenfalls müssen die durch die didaktische Analyse gewonnenen Ziele noch entsprechend gebündelt werden. Zudem kann es sich anbieten, unter den Zielen eines oder mehrere als zentral herauszuheben, um eine angemessene Fokussierung des Unterrichts sicherzustellen. Es ist auch möglich, Ziele als optionale zu markieren. Das kann sinnvoll sein, wenn das Leistungsvermögen beziehungsweise der Zeitbedarf der Lerngruppe nicht sicher einzuschätzen sind. Die Festlegung von optionalen Zielen für eine Einheit kann aber auch für eine Binnendifferenzierung genutzt werden, wenn das angesichts von größeren Unterschieden der Leistungsstärke in einer Lerngruppe sinnvoll erscheint.

2) **Angemessene Konkretheit:** Die Teilziele müssen gegenüber dem Hauptziel wiederum konkretisiert sein. Gegebenenfalls enthalten sie eine Präzisierung der genutzten Standards (z. B. „Handlungsanalyse" präzisiert zu „Analyse von schwieriger Lage und ihren Gründen") und auf jeden Fall eine thematische Konkretisierung (z. B. „Schüler können Effi und Geert als oppositionelle Hauptfiguren charakterisieren", „Schüler können These, Pro-/Kontraargumente und Schlussfolgerung als zentrale Elemente der Erörterung nennen und erläutern"). Es soll sichergestellt werden, dass sich die Teilziele nicht auf allgemeine Angaben beschränken, die für sehr viele Themen beziehungsweise Texte nutzbar wären (z. B. „Schüler können die Figuren analysieren", „Schüler können die zentralen Genremerkmale nennen"). Es ist jedoch möglich und häufig sinnvoll, allgemeinere Ziele durch Angaben in Klammern zu präzisieren (z. B. „Schüler können die Komplikationen Geerts [v. a. Bedrohung gesellschaftlicher Ordnung, Verlust Lebensfreude] darstellen").

3) **Nutzung von Operatoren:** Für die Formulierung von Zielen sollen nach Möglichkeit sichtbare Ergebnisse von Lernprozessen eindeutig benannt werden. Eine solche Operationalisierung von Zielen wird häufig durch die Nutzung von entsprechenden Operatoren angestrebt: nennen, darstellen, erläutern etc. (Zu einer Übersicht über die gängigen Operatoren vgl. KAPITEL II.5.4.) Die Nutzung von Operatoren kann durch „können" ergänzt werden: „Die Schüler können … nennen".

Operatoren können aber auch Nachteile haben und müssen deshalb für die Zielformulierung nicht in allen Fällen genutzt werden. Sie beschreiben Ergebnisse von Lernprozessen bisweilen nur in einer sehr technischen und sachlich fragwürdigen Art, etwa wenn es heißt, Schüler „nennen" eine Textdeutung. Zudem eignen sich Operatoren kaum für eine Formulierung von Zielen, die nicht überprüfbar sind, aber dennoch berücksichtigt werden sollen, wie etwa die Förderung von Lesemotivation.

VERTIEFUNG

Falls sich das Hauptziel auf das Verstehen einer literarischen Ganzschrift richtet, ist in der Regel die folgende Beschränkung sinnvoll:

- mehrere Ziele zum Erkennen von Textelementen (zu bedenken: die Hauptaspekte Inhalt/Handlung inkl. Figuren und Form/Darstellung mit Funktionsbestimmung),
- ein Ziel oder mehrere zur Deutung von einzelnen Textelementen (ggf. Textelemente erkennen und deuten in einem Ziel, z. B. für Element Hauptfigur: Figureneigenschaften erkennen und Figur deuten),
- ein Ziel zur Gesamtdeutung, eventuell ein Ziel (nur ausnahmsweise mehrere Ziele) zur Kontextualisierung (Nutzung von spezielleren Kontexten für Gesamtdeutung),
- eventuell ein Ziel zum Wirklichkeitsbezug oder zur Wertung.

Beispiele für ausformulierte Teilziele einer Unterrichtseinheit (Jg. 10)

Die Schüler können …

- die Funktionen von Interpretationsaufsätzen erörtern;
- Wissen zur Planung (Vorbereitung und Schreibplanung) von Interpretationsaufsätzen darstellen, reflektieren und anwenden; dabei auch die Gliederung des Interpretationsaufsatzes in Einleitung, Hauptteil, Schluss erläutern;
- Wissen zum Schreiben von Interpretationsaufsätzen darstellen, reflektieren und anwenden;
- Wissen zur Überarbeitung von Interpretationsaufsätzen darstellen, reflektieren und anwenden;
- den Zusammenhang der Phasen Planung, Schreiben, Überarbeitung darstellen und reflektieren;
- lenkende Aufgabenstellungen v. a. für die Vorbereitung des Interpretationsaufsatzes nutzen.

Checkliste 4

Entwickele die Teilziele für die Unterrichtseinheit:

Gewinne die Teilziele mittels einer didaktischen Analyse (inkl. didaktischer Reduktion), d. h. prüfe die Aspekte der Sachanalyse (Grobanalyse) auf ihre Eignung als Ziele:

- ☐ mit Blick auf Hauptziel: Aspekt erforderlich mit Blick auf das Hauptziel und Standards?
- ☐ mit Blick auf Lernvoraussetzungen: Aspekt nicht zu schwer und nicht zu leicht? Aspekt mit Interessen der Schüler/weiteren Voraussetzungen vereinbar?

Lege die Teilziele fest:

- ☐ Überprüfe, ob die Ziele angemessen konkret sind, v. a. eine angemessene thematische Präzisierung enthalten (keine allgemeinen, auf viele Themen/Texte zutreffenden Ziele wie „den Text analysieren").
- ☐ Überprüfe, ob die Anzahl der Ziele überschaubar ist (meist ausreichend: fünf bis zehn) und gewichte sie ggf. (durch Festlegung eines oder mehrerer zentraler Ziele, optionaler Ziele).
- ☐ Formuliere die Ziele, indem du (nach Möglichkeit sichtbare) Ergebnisse des Lernprozesses benennst; nutze passende Operatoren (evtl. ergänzt um „können": „Die Schüler können …").

5 Die Gestaltung von Unterrichtseinheiten: Grobplanung

Grobplanung mit Zuordnung von Zielen zu Stunden

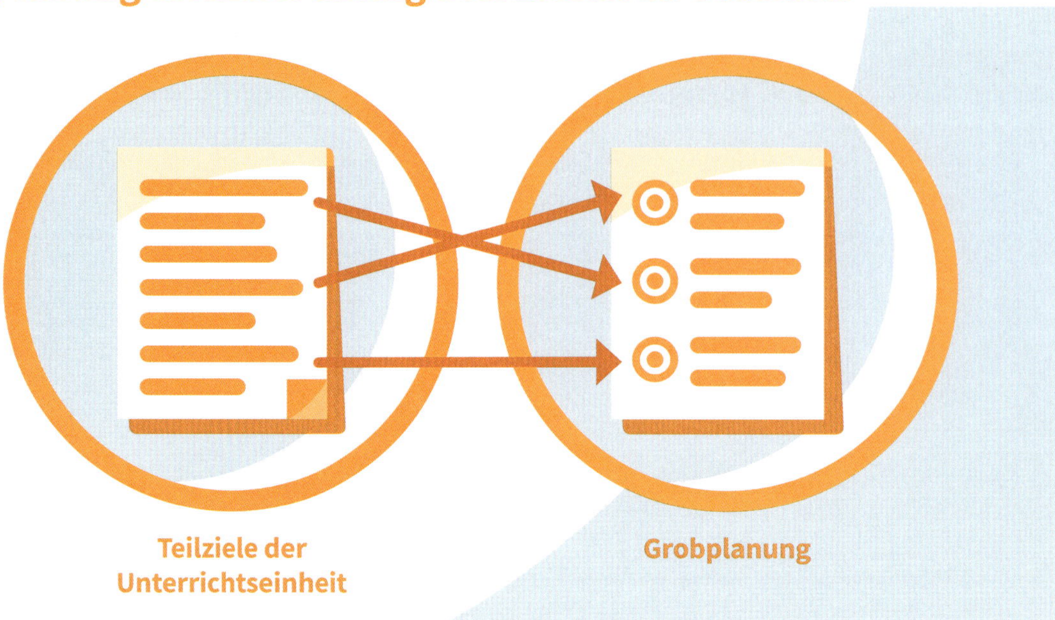

Auf der Grundlage von Teilzielen einer Einheit erfolgt ihre Grobplanung, und zwar in der Regel unter Orientierung an Phasenmodellen des schulischen Lernens, die für Einzelstunden gängig sind (vgl. KAPITEL III.5.1). Verbreitet sind vor allem Modelle, die eine Einstiegsphase, für den Regelfall mehrere Erarbeitungsphasen sowie eine oder mehrere abschließende Phasen (Vertiefung, Anwendung, Transfer) vorsehen (zu einer Spezifizierung dieses Modells für das Verstehen von literarischen Texten vgl. ebd.). Ähnlich wie für die Stundenplanung werden für die Planung einer Einheit die Ziele, die Anzahl und die Abfolge von Phasen festgelegt, zudem erfolgt auf dieser Grundlage eine endgültige Festlegung des Zeitbedarfs für die Einheit.

Zu den Planungsschritten im Einzelnen:

1) **Ziele und Anzahl der Phasen:** Zunächst werden die Teilziele (inkl. Themen) der Einheit auf (Doppel-)Stunden verteilt. Nach Möglichkeit wird ein Teilziel einer (Doppel-)Stunde zugewiesen. Mitunter kann aber auch ein Ziel für mehrere (Doppel-)Stunden maßgeblich sein, oder mehrere Ziele für eine Doppelstunde. Die Teilziele der Einheit werden dann entsprechend ‚aufgesplittet' oder zusammengelegt. Letzteres ist häufig der Fall, wenn für eine integrativ angelegte Einheit Teilziele aus unterschiedlichen Kompetenzbereichen festgelegt worden sind. Indem die Teilziele einer Einheit den (Doppel-)Stunden zugewiesen werden, werden die Ziele zu Hauptzielen dieser Stunden, und die (Doppel-)Stunden mit den gleichen Zielen werden jeweils zu einer Phase der Einheit.

   Eine (Doppel-)Stunde bleibt häufig ohne Zuweisung eines Teilziels, weil sie für den Einstieg freigehalten werden muss. Mit dem Einstieg soll eine schülerorientierte Hinwendung zum Thema der Einheit erfolgen, wobei die Entwicklung von Fragen und Hypothesen durch die Schüler eine entscheidende Rolle spielt. Ein entsprechend gestalteter Einstieg ist die Grundlage für die Schülerbeteiligung in der folgenden Einheit, weil die Schüler dann ihre eigenen Fragen beantworten.

2) **Abfolge:** Im Anschluss wird bestimmt, welche der auf den Einstieg folgenden Phasen Erarbeitungsphasen sein sollen und welche Phasen der Vertiefung, der Anwendung oder des Transfers. Dann muss noch eine ‚interne' Abfolge für die Phasen der Erarbeitung und gegebenenfalls auch für weitere Phasen festgelegt werden. Sie richtet sich vor allem nach den folgenden Prinzipien:

- **Orientierung an der ‚Sachlogik' des Gegenstandes:** z. B. für literarische Ganzschriften zunächst Fokus auf das Erkennen von Textelementen, dann auf die Deutung; für einzelne Texte in literaturgeschichtlicher Perspektive chronologische Anordnung.

- **Orientierung am Schwierigkeitsgrad und der Progression des Kompetenzerwerbs:** Grundsätzlich ist ein ansteigender Schwierigkeitsgrad wünschenswert, sofern die Ziele beziehungsweise Themen der Einheit unterschiedlich schwierig sind. In enger Verbindung damit steht der Grundsatz, dass die Abfolge der Phasen eine systematische Progression des Kompetenzaufbaus ermöglichen soll (z. B. die Zunahme der Fähigkeit zur selbstständigen Texterschließung).

- **Orientierung am Interesse der Schüler:** Dieser Aspekt ist stets mit zu bedenken; er kann aber auch entscheidend werden, beispielsweise wenn für die erste Erarbeitungsphase ein Teilthema ausgewählt wird, das ein besonderes Interesse bei den Schülern wecken soll.

3) **Zeitlicher Umfang:** Der zeitliche Umfang einer Unterrichtseinheit ergibt sich grundlegend aus der ‚Sache', das heißt der Anzahl von (Doppel-)Stunden, die für eine Verteilung der Teilziele der Einheit sinnvoll erscheint. Diese Stundenzahl muss aber gegebenenfalls noch korrigiert werden. Dazu ist ein Abgleich mit organisatorischen und motivationalen Aspekten notwendig, nämlich (1) mit Vorgaben für die insgesamt zur Verfügung stehende Zeit, die bei der Planung einer Unterrichtseinheit allerdings von Anfang an beachtet werden, und (2) mit der Erfahrung, dass das Interesse einer Lerngruppe an einem Thema nicht unbegrenzt anhält. In der Regel umfassen Unterrichtseinheiten zwischen knapp zehn und zwanzig Unterrichtsstunden. In der Sekundarstufe II nehmen Unterrichtseinheiten zu Ganzschriften häufig tatsächlich zwanzig Unterrichtsstunden oder sogar mehr in Anspruch.

Tabellarischer Verlaufsplan: Aus den oben erläuterten Planungsschritten ergibt sich der Verlaufsplan einer Einheit. Für seine Darstellung bietet sich eine tabellarische Übersicht an, die die Phasen mit Stundenzahl sowie Hauptzielen (inkl. Themen) umfasst. Gegebenenfalls werden Erläuterungen ergänzt, beispielsweise dazu, welche Prinzipien für die Abfolge der Stunden vor allem befolgt worden sind.

VERTIEFUNG

Flexibilität: Die Grobplanung bietet eine notwendige Grundlage für die Planung von Stunden. Daraus folgt jedoch nicht, dass eine Grobplanung nicht verändert werden kann. Vielmehr kann jederzeit ‚nachjustiert' werden, wenn sich ein entsprechender Bedarf zeigt, etwa wenn sich Annahmen zum Schwierigkeitsgrad von einzelnen Zielen als falsch erwiesen haben. Zudem gilt: Die Schüler sollen nach Möglichkeit an der Gestaltung von Einheiten beteiligt werden, etwa durch die Formulierung von Hypothesen in der Einstiegsphase und die Überprüfung dieser Hypothesen im weiteren Verlauf der Einheit. In diesem Fall ist zwischen der Grobplanung des Lehrers und den Vorschlägen der Schüler zu vermitteln.

Beispiel für eine tabellarische Grobplanung (zu Kurzprosatexten zu Liebesbeziehungen)

Std.	Phase	Ziele (in Kurzform)
1	Einstieg	▸ Hypothesenbildung zur Einheit
2 u. 3	Erarbeitung I	▸ Texterschließung „Das Brot" von Wolfgang Borchert ▸ Erwerb Epochenwissen Nachkriegsliteratur und Anwendung ▸ Vertiefung Kompetenzen Textverstehen
4 u. 5	Erarbeitung II	▸ Texterschließung „Apfel auf silberner Schale" ▸ Erwerb Epochenwissen Literatur 60er/70er Jahre und Anwendung ▸ Vertiefung Kompetenzen Textverstehen
6 u. 7	Erarbeitung III	▸ Texterschließung „Ein netter Kerl" ▸ Anwendung Epochenwissen ▸ Vertiefung Kompetenzen Textverstehen
...	...	▸ ...
12 u. 13	Vertiefung	▸ Erwerb und Anwendung Epochenwissen Moderne
14 u. 15	Klassenarbeit	

5 Erweiterte Grobplanung (mit Methoden, Materialien, Kernstellen)

Die oben dargelegte einfache Grobplanung kann durch verschiedene Elemente erweitert werden. Sie berührt dann die Stundenplanung schon in erheblichem Maße. Solche erweiterten Grobplanungen sind allerdings in vielen Fällen keineswegs erforderlich; die entsprechenden Entscheidungen können auch in die Stundenplanung ausgelagert werden.

Durch die folgenden Elemente ist eine Erweiterung der einfachen Grobplanung möglich:

Methoden: Es können methodische Entscheidungen getroffen werden, die für die Einheit von zentraler Bedeutung sind. Diese Ergänzung bietet sich insbesondere an, wenn die Methoden innerhalb einer Einheit aufeinander abgestimmt werden oder wenn bestimmte Methoden eine hervorgehobene Rolle spielen sollen (z. B. handlungsorientierte Verfahren in Einheiten zu Dramen; das entdeckende Lernen für den Wissenserwerb). Ebenso können Entscheidungen zu Sozialformen schon jetzt getroffen werden, falls ihr Einsatz über eine ‚konventionelle' Nutzung hinausgeht (z. B. hohes Maß an Gruppenarbeit für eine bestimmte Lerngruppe).

In der erweiterten Grobplanung werden die entsprechenden methodischen Entscheidungen in einer Ergänzung genannt und begründet, und zwar unter der Frage: Welche Methode beziehungsweise Sozialform eignet sich besonders, damit die Schüler der Lerngruppe die Ziele der Einheit erreichen können? Eventuell werden Methoden oder Sozialformen auch schon bestimmten Stunden zugewiesen.

Wenn vorauszusehen ist, dass durch eine besondere Nutzung von Methoden oder Sozialformen ein hoher Zeitbedarf entstehen wird, muss auch das gegebenenfalls noch in einer Korrektur des zeitlichen Umfangs für die Einheit berücksichtigt werden (vgl. KAPITEL I.5.1).

Materialien: Ebenso können auch jetzt schon Materialien für den Unterricht (z. B. Texte, die der Entwicklung von Hypothesen, der Erarbeitung von Wissen oder der Übung von Fähigkeiten dienen, vgl. KAPITEL I.2.2) begründet ausgewählt und eventuell bestimmten Stunden zugewiesen werden.

▷ **Sonderfall Kernstellen:** Für Einheiten zu literarischen Ganzschriften (oder Spielfilmen) gilt, dass durch die Grobanalyse Kernstellen festgelegt werden, das sind für das Textverstehen besonders relevante Textabschnitte. Sie können schon in der Grobplanung auf die (Doppel-)Stunden verteilt werden. Dazu ist die folgende Frage leitend: Welche Kernstelle(n) eignen sich besonders, damit auf ihrer Grundlage das Hauptziel der Stunde für die Lerngruppe erreicht werden kann?

Beispiel für Erläuterungen zur Methodenwahl

Methoden für die Einführung von (Epochen-)Wissen:

Für die Epochenmerkmale der modernen Literatur wird eine selbstentdeckende Erarbeitung in einem abschließenden Vergleich aller behandelter Einzeltexte angestrebt (anhand der überwiegenden Merkmale entfremdete oder zerrüttete Beziehung, gestörte oder fehlende Kommunikation, negative oder nicht eindeutig positive Auflösung, Innensicht, personale Perspektivierung, Fehlen von Erzählerkommentaren, Vieldeutigkeit). Sie dürfte eine Herausforderung für die Schüler darstellen und könnte Lenkungen durch den Lehrer erfordern. Dennoch soll ein entdeckendes Vorgehen genutzt werden, weil es für die Schüler vermutlich motivierend ist und zu einem Behalten und ergiebigem Anwenden des erworbenen Wissens beitragen kann.
Eine entdeckende Erarbeitung von Merkmalen der Teilepochen würde die Schüler dagegen vermutlich stark überfordern, vor allem weil die Einzeltexte diese Merkmale z. T. nicht in klarer Weise zeigen. Die entsprechenden Definitionen sollen den Schülern deshalb in Form von Kurztexten dargeboten werden. Um ein eigenständiges und persönlich bedeutsames Textverstehen nicht zu stark einzuschränken, soll die Darbietung jeweils erst nach einer grundlegenden Erschließung des ersten zeitlich passenden Textes stattfinden.

Checkliste 5

Lege einen phasierten Lernweg der Unterrichtseinheit fest. Nutze dazu das Modell (1) Einstieg, (2) Erarbeitung inkl. Auswertung (ggf. mehrere Erarbeitungsphasen) und ggf. (3) Vertiefung, Transfer, Anwendung:

- ☐ Weise die Teilziele der Unterrichtseinheit in sinnvoller Weise (Doppel-)Stunden zu, ggf. unter Zusammenlegung oder ‚Aufsplittung' der Ziele; Stunden mit den gleichen Zielen bilden eine Phase der Einheit.
- ☐ Lege fest, welche der Phasen nach dem Einstieg Erarbeitungsphasen, Phasen der Vertiefung etc. sein sollen.
- ☐ Berücksichtige für die Abfolge der Erarbeitungsphasen und evtl. weiterer Phasen die Sachlogik des Lerngegenstands, ggf. auch den Aspekt ‚ansteigender Schwierigkeitsgrad' sowie das Interesse der Schüler an den Themen.
- ☐ Lege den Zielen und den zeitlichen Vorgaben entsprechend den zeitlichen Umfang der Unterrichtseinheit (abschließend) fest.
- ☐ In der Regel: Stelle den Verlauf der Grobplanung in einer tabellarischen Übersicht dar (mit Phasen, Stundenzahl und Zielen). Ergänze ggf. Erläuterungen.
- ☐ Bleibe flexibel: Änderungen an der Grobplanung können durch den Verlauf der Einheit angebracht sein (etwa durch die von den Schülern in einer Einstiegsstunde formulierten Interessen und Hypothesen).

Optional:

- ☐ Du kannst schon jetzt Methoden/Sozialformen bestimmen, die für die Gestaltung der Stunden bevorzugt genutzt werden sollen, und evtl. den Stunden zuweisen.
- ☐ Du kannst schon jetzt Materialien (für Hypothesenbildung, Erarbeitung, Übung) auswählen und evtl. den Stunden zuweisen.
- ☐ Für Einheiten zu Ganzschriften oder Spielfilmen: Du kannst schon jetzt zuvor ausgewählte Kernstellen den Stunden zuweisen.

II. Die Planung von Unterricht, Teil 2:

Fokus Einzel-/Doppelstunde

1 Die Lernvoraussetzungen

Schüler mit unterschiedlichen Voraussetzungen

vorausgegangener Unterricht

Die Lernvoraussetzungen einer (Doppel-)Stunde entsprechen weitgehend den Lernvoraussetzungen für die Unterrichtseinheit. Sie sind jedoch zu präzisieren und gegebenenfalls zu ergänzen. Dazu sind Bedingungen zu berücksichtigen, die speziell für die zu planende Stunde mit ihrem in der Einheitsplanung bereits festgelegten Hauptziel von Interesse sind oder die sich im Verlauf der Einheit verändert oder deutlicher gezeigt haben. Zu fragen ist: Welche Voraussetzungen bringen die Schüler speziell für die geplante Stunde mit? Wie beeinflusst der bisherige Unterricht in der Unterrichtseinheit die Lernvoraussetzungen für die geplante Stunde? Im Anschluss an die Klärung dieser Fragen soll festgestellt werden, welche Schlussfolgerungen damit für die Stundenplanung naheliegen.

In der Regel sind die folgenden Aspekte zu klären:

Aspekte von grundlegender Bedeutung:

- **Institutionelle Voraussetzungen** (Schulorganisation; räumliche und mediale Ausstattung), die einen besonderen Einfluss auf die zu planende Stunde haben könnten?
- **Sozio-kulturelle und pädagogische Voraussetzungen** (Alter der Schüler, Entwicklungsstand, sprachliche und soziokulturelle Differenzen etc.), die einen besonderen Einfluss auf die zu planende Stunde haben könnten? So ist beispielsweise zu klären, ob voraussichtlich sprachliche Differenzen innerhalb der Lerngruppe für das Erreichen des Hauptziels von herausragender Bedeutung sein werden.
- Die **fachlichen Voraussetzungen** sind von besonderer Bedeutung:
  - Welche **Leistungsstärke** haben die Lerngruppe und einzelne Schüler im bisherigen Verlauf der Einheit gezeigt, gegebenenfalls abweichend von ihrer sonstigen Leistungsstärke im betreffenden Kompetenzbereich? Welche Prognose lässt das für ihre voraussichtliche Leistungsstärke in der zu planenden Stunde zu?
  - Welche **Kenntnisse und Fähigkeiten**, die speziell für die zu planende Stunde bedeutsam sind, bringen die Schüler mit? Welche haben die Schüler durch die Einheit bereits erworben?
  - Welche **Interessen**, die speziell für die zu planende Stunde bedeutsam sind, bringen die Schüler mit? Welches Interesse haben sie bislang am Thema der Einheit gezeigt und welche Prognose lässt das für ihr voraussichtliches Interesse am Thema der zu planenden Stunde zu?
  - Gibt es Erfahrungen der Lerngruppe mit **Methoden, Arbeitstechniken, Sozialformen und Medien**, die eine besondere Bedeutung für die geplante Stunde haben könnten?

Die Einflussfaktoren auf die Lernvoraussetzungen speziell für einzelne Stunden im Überblick:

Beispiel (Ergänzung zur Analyse der Lernvoraussetzungen, S. 15)

Ergänzung Lernvoraussetzungen für die geplante Stunde:

- Die geplante Stunde zu „Ein netter Kerl" ist die vierte (Doppel-)Stunde der Einheit.
- Die Schüler verfügen bereits über (in der vorangegangenen Doppelstunde erworbenes) Wissen zur Literatur der 1970er Jahre.
- Die Anwendung auf einen Text („Apfel auf silberner Schale") konnten sie leisten. Zudem haben sie in den vorangegangenen Stunden der Unterrichtseinheit die Erschließung von (Komplikations-)Handlungen und Figuren insgesamt erfolgreich geleistet.
- Ein Interesse an den Erzählungen zum Thema Liebesbeziehungen ist bei der Mehrzahl der Schüler (bislang) vorhanden. Es lässt sich also vermuten, dass sie zu einer Erschließung von „Ein netter Kerl" auch mit Hilfe von Epochenwissen in der Lage und motiviert sein werden.
- Die Heterogenität der Lerngruppe hat sich in den bisherigen Stunden der Einheit wie folgt bemerkbar gemacht: ... Für die geplante Stunde ist insbesondere wichtig: ...

Checkliste 6

Präzisiere bzw. ergänze die Analyse der Lerngruppe (vgl. Planung einer Unterrichtseinheit, KAPITEL I.1) unter den folgenden Fragen und ziehe jeweils Schlussfolgerungen für die Planung der Einzel-/Doppelstunde:

- ☐ Welche Kenntnisse, Fähigkeiten und Interessen, die speziell für die zu planende Stunde bedeutsam sind, bringen die Schüler mit?
- ☐ Welche Kenntnisse und Fähigkeiten haben sie durch die Einheit bereits erworben? Welche Leistungsstärke und welches Interesse am Thema haben sie in der Einheit bislang gezeigt und welche Prognosen lässt das für die zu planende Stunde zu?

Zudem zu bedenken:

- ☐ sozio-kulturelle/pädagogische Voraussetzungen, institutionelle Voraussetzungen und Erfahrungen mit Sozialformen, Arbeitstechniken und Methoden, die für die Stunde von besonderer Bedeutung sein könnten.

2 Das Hauptziel (inkl. Auswahl von Themen)

Das Hauptziel einer (Doppel-)Stunde ist von zentraler Bedeutung für ihre Planung. Es ist allerdings in gewisser Weise selbst nicht Teil der Stundenplanung, denn es wird grundlegend bereits in der Planung der Einheit entwickelt. Änderungen oder Ergänzungen können jedoch erforderlich werden.

Die folgenden Prinzipien gelten für die Bestimmung des Hauptziels:

- **Übernahme des Hauptziels aus der Grobplanung:** Das Hauptziel einer Stunde (inkl. Thema) wird schon im Rahmen der Planung der Unterrichtseinheit entwickelt. Hier werden Teilziele zum Hauptziel der Einheit bestimmt; aus diesen Teilzielen ergeben sich durch eine Verteilung im Rahmen der Grobplanung die Hauptziele für (Doppel-)Stunden.

- **Veränderungen des Hauptziels:** Während der Durchführung einer Unterrichtseinheit können Veränderungen der Planung auf der Zielebene erforderlich werden; in jedem Fall ist zu reflektieren, ob solche Veränderungen angemessen wären. Die Notwendigkeit einer Veränderung kann insbesondere eintreten, wenn sich die Annahmen zu den Lernvoraussetzungen beziehungsweise zum Schwierigkeitsgrad der Ziele als zumindest teilweise falsch erwiesen haben. Gegebenenfalls muss das geplante Hauptziel für die Stunde vereinfacht (oder aber erschwert) werden, falls aufgrund des bisherigen Verlaufs der Unterrichtseinheit abzusehen ist, dass die Schüler mit dem ursprünglich geplanten Hauptziel überfordert (oder unterfordert) sein werden. Falls die Schüler in den vorangehenden Stunden überfordert waren, sind zudem häufig Teilziele aus diesen Stunden in Folgestunden zu integrieren. Änderungsbedarf kann sich auch durch eine schon gezeigte (mangelnde) Motivation der Schüler ergeben.

▷ **Sonderfall Stunden zu literarischen Ganzschriften (oder Spielfilmen):** Falls noch nicht in der Grobplanung der Einheit erfolgt, ist für die Stundenplanung eine thematische Präzisierung notwendig; es muss eine Auswahl aus den schon festgelegten Kernstellen einer Ganzschrift oder eines Spielfilms vorgenommen werden (vgl. KAPITEL II.5.2). Diese Auswahl ist allerdings nicht unbedingt in das Hauptziel der Stunde aufzunehmen, sondern kann auch als Ergänzung zu einer Festlegung des Zieles erfolgen.

Beispiele für Hauptziele Doppelstunden

1. Hauptziel für eine Doppelstunde im Bereich Umgang mit literarischen Texten, Fokus Texterschließung (Jg. 10):
Die Schüler können „Ein netter Kerl" erschließen (Fokus auf Komplikation Rita - Mangel an Respekt Familie gegenüber Partner -, die unzureichende Kommunikation und die nur teilweise positive Auflösung; Berücksichtigung der Beschränkung auf Außensicht); Epochenwissen zur Literatur der siebziger Jahre auf den Text anwenden und ihre Kompetenzen des Textverstehens vertiefen.

2. Hauptziel für eine Doppelstunde im Bereich Umgang mit literarischen Texten, Fokus Wissenserwerb (Interpretationsaufsatz, Jg. 10):
Die Schüler können Wissen zur Überarbeitung von Interpretationsaufsätzen (mit lenkender Aufgabenstellung) darstellen, reflektieren und exemplarisch auf Teile von Interpretationsaufsätzen zu „Ein netter Kerl" anwenden sowie die drei Phasen des Abfassens von Interpretationsaufsätzen in ihrem Zusammenhang erläutern.

3. Hauptziel für eine Doppelstunde im Bereich Umgang mit literarischen Texten, Fokus Übung (Interpretationsaufsatz, Jg. 10):
Die Schüler können die Erzählung „Friedrich Nietzsche" erschließen, einen Interpretationsaufsatz zu dieser Erzählung vorbereiten, schreiben und überarbeiten und dabei ihre Fähigkeiten zur Vorbereitung, zum Schreiben und zum Überarbeiten von Interpretationsaufsätzen mit lenkender Aufgabenstellung vertiefen.

4. Hauptziel für eine Doppelstunde im Bereich Sprechen und Zuhören (Jg. 9):
Die Schüler können Kommunikationssituationen auf der Appell-, Beziehungs- und Selbstausdrucksebene untersuchen und deuten.

5. Hauptziel für eine Doppelstunde im Bereich Rechtschreibung (Jg. 9):
Die Schüler können Print- und digitale Wörterbücher als Rechtschreibhilfen zur Kontrolle und zur Korrektur eigener Texte nutzen.

Checkliste 7

Nenne das Hauptziel der Stunde (und wähle ggf. Kernstellen aus):

- ☐ Das Hauptziel der Stunde (inkl. Thema) ist grundlegend aus der Grobplanung der Unterrichtseinheit zu übernehmen (hier wurde es durch Verteilung von Teilzielen der Einheit auf Stunden festgelegt).
- ☐ Verändere das Hauptziel ggf. entsprechend Besonderheiten der Durchführung, die sich im Verlauf der Einheit gezeigt haben (bes. Über-/Unterforderung der Schüler).
- ☐ Für Einheiten zu Ganzschriften (oder Spielfilmen) und sofern noch nicht in der Grobplanung erfolgt: Triff eine Auswahl aus den schon festgelegten Kernstellen. (Frage: Welche Kernstellen eignen sich besonders, um das Hauptziel der Stunde in der Lerngruppe zu erreichen?)

3 Die Sachanalyse

Feinanalyse

Die Sachanalyse des Themas für eine Einheit umfasst eine Grobanalyse und eine vertiefende Feinanalyse (vgl. KAPITEL I.3). Die Grobanalyse ist für die Gewinnung von Teilzielen der Einheit notwendig, die Feinanalyse dann für die von Teilzielen einer (Doppel-)Stunde. Die Feinanalyse eröffnet häufig erst einen genauen Blick auf das Thema und anschließend auf Perspektiven für den Unterricht. Umgekehrt gilt allerdings auch: Was in der vertiefenden Sachanalyse nicht erfasst wird, das ist für den Unterricht verloren.

Im Idealfall enthält die Sachanalyse, die im Rahmen der Planung der Einheit vorgenommen wurde, schon die Grobanalyse und die Feinanalyse des gesamten Themas für die Einheit. Die Sachanalyse umfasst dann auch schon eine hinreichend präzise Erschließung des Stundenthemas.

In vielen Fällen ist jedoch in der Stundenplanung auch ein Nacharbeiten der Feinanalyse für das Stundenthema erforderlich, das heißt für ein Teilthema der Einheit beziehungsweise von Einzeltexten oder Kernstellen. Das Nacharbeiten hat häufig unterrichtspraktische Gründe. Es kann in manchen Fällen aber auch sachlich sinnvoll sein, weil das Hauptziel der (Doppel-)Stunde eine hilfreiche Richtlinie für die Fokussierung der Analyse bietet.

VERTIEFUNG

Die Schritte der Erschließung literarischer Texte im Überblick (Feinanalyse):

- **Textelemente untersuchen:** In der Regel erfolgt eine Auswahl und Anwendung von textanalytischen Kategorien, die einer Untersuchung von zentralen Aspekten des Inhalts und ergänzend der Form dienen (z. B. für Erzähltexte schwierige Lage der Hauptfigur und Gründe, Auflösung der schwierigen Lage und Gründe, Figurenmerkmale, Perspektivierung, Erzähler).
- **Einzelne Elemente deuten (in enger Verbindung mit der Textuntersuchung):** Häufig müssen einzelne, nicht klare Elemente des Inhalts deutend ergänzt werden (z. B. Gründe für das Verhalten einer Figur). Zudem soll die Funktion beziehungsweise Wirkung von Elementen der Form reflektiert werden.
- **(Gesamt-)Deutung vornehmen (dazu Spektrum von möglichen Deutungen bestimmen):** Für Erzähltexte antwortet die Gesamtdeutung auf die Frage:

  Welches Bild vom Menschen und der Welt (oder einem Teil davon) wird vom Text entworfen?

  Auch für lyrische Texte ist diese Frage häufig passend; alternativ oder ergänzend kann die Frage nach den vom Text intendierten Vorstellungen oder Stimmungen des Lesers sinnvoll sein.

- **Wirklichkeitsbezug** und mögliche (moralische) **Wertungen umreißen:** Die Fragen beantworten, ob eine ergiebige Bezugnahme auf die Lebenswelt der Schüler möglich ist (z. B. ob der Text noch aktuell ist) und wie der Text beziehungsweise seine Figuren und ihre Handlungen bewertet werden können.
- **Kontextualisierung vornehmen:** Einordnung des Textes in Genre beziehungsweise Epoche. Gegebenenfalls auch Deutung mit Hilfe speziellerer Kontexte (z. B. biographischem Wissen).

Beispiel für Sachanalyse (Feinanalyse): „Ein netter Kerl" von Wohmann (vgl. S. 84)

1. Erkennen von zentralen Textelementen:

▶ Handlung und Figuren:

- Hauptfigur: Rita.
- Komplikation und Gut:
  Ritas Gut ist der – von der Familie verweigerte – zumindest äußerliche Respekt ihrer Familie gegenüber dem Mann, mit dem sie sich ohne Kenntnis der Familie verlobt hat, genauer: der Respekt vor diesem Mann auch in seiner Abwesenheit. Darüber hinaus ist Rita wohl auch (deutende Ergänzung) eine Achtung seiner menschlichen Qualitäten wichtig.
- Faktoren für Komplikation:
  Figureneigenschaften der Familienmitglieder, Oberflächlichkeit und Bosheit, in Verbindung mit der Fettleibigkeit des Verlobten. Andere Menschen werden von Vater, Mutter und der Schwester Nanni nach Normen des Äußerlichen abgeurteilt und in Abwesenheit verspottet. Nur die Schwester Milene hat eine etwas andere Haltung, die sie aber nicht konsequent verfolgt. Die Bosheit könnte mit dem Versuch zu erklären sein, sich selbst aufzuwerten (deutende Ergänzung).
- Auflösung:
  Teils-teils. Rita kann ihre Familie zu einem äußerlich respektvollen Verhalten bewegen, aber wohl nicht zu einer echten Wertschätzung ihres Verlobten.
- Faktoren für Auflösung:
  Ritas Verhalten angesichts der abwertenden Reden. Zunächst versucht sie (= erfolgloser Auflösungsversuch), durch einen indirekten Hinweis auf die menschlichen Qualitäten ihres Verlobten die Bosheiten ihrer Familie zu unterbinden. Dann verkündet sie die Verlobung und ‚spiegelt' den Familienmitgliedern verbal ihr gehässiges Verhalten. Dazu gehören Solidarität mit ihrem Verlobten und Mut. Allerdings kommt es nicht zu einer expliziten Aussprache.

▶ Darstellung …

2. Deutungsmöglichkeiten:

▶ Es gibt Menschen, deren Oberflächlichkeit und Bosheit ihnen den Blick auf menschliche Qualitäten verstellt. Sie beurteilen andere danach, ob sie Normen des Äußerlichen entsprechen. Wenn das nicht der Fall ist, haben sie Spaß daran, über diese Menschen in Abwesenheit abwertend zu sprechen – vermutlich auch, um sich selbst aufzuwerten. Es ist durch ein entschiedenes, mutiges Auftreten möglich, diesen Menschen zumindest ein äußerlich anständiges Verhalten abzunötigen. …

Checkliste 8

Falls in der Planung der Einheit bislang nur die Grobanalyse des Themas erfolgt ist:

☐ Vertiefe/präzisiere die Sachanalyse durch eine Feinanalyse des für die Stunde gewählten Teilthemas bzw. der gewählten Einzeltexte oder Kernstellen.
Es gelten dafür die gleichen Prinzipien wie für die Sachanalyse der Planung einer Einheit.

4 Die didaktische Analyse

Teilziele für Stunden gewinnen

Auf Grundlage des Hauptziels der Stunde, der Feinanalyse des Stundenthemas sowie der gegebenenfalls ergänzten Lernvoraussetzungen (vgl. KAPITEL II.1) werden Teilziele für die geplante (Doppel-)Stunde entwickelt, die die im Hauptziel genannten Themen beziehungsweise Kompetenzen differenzieren.
Diese Stufe der Unterrichtsplanung stellt einen Prozess mit zwei Teilen dar:

- Zunächst werden Ziele unter Abwägung von Argumenten gewonnen,
- bevor sie anschließend festgelegt und formuliert werden.

Gewinnung von Teilzielen: Wie auch die Gewinnung von Teilzielen für Einheiten erfolgt die Gewinnung der Teilziele für (Doppel-) Stunden durch die didaktische Analyse inklusive der didaktischen Reduktion. Dazu wird die entsprechende Frage gestellt:

- Welche Aspekte der Feinanalyse bieten sich (besonders) für eine Behandlung im Unterricht an, damit das bereits entwickelte Hauptziel der Stunde für die Lerngruppe erreicht werden kann? Welche bieten sich nicht an?

Die Prinzipien für eine Entscheidung dieser Frage sind grundlegend die gleichen wie für die Planung von Einheiten (vgl. KAPITEL I.4.1) Die entsprechende Prüfung und gegebenenfalls Tilgung von Ergebnissen der Sachanalyse erfolgt vor allem auf Grundlage der folgenden Überlegung:

- Ist ein Aspekt zentral oder aber zu abseitig, das heißt nicht erforderlich für das Erreichen des Hauptzieles? (Abgleich mit Hauptziel)

Im Rahmen einer Beantwortung der Frage kann es angemessen sein, den Aspekt mit einzelnen Standards aus Lehrplänen abzugleichen. Ergänzend zum Abgleich mit dem Hauptziel ist zu fragen:

- Ist ein Aspekt angemessen anspruchsvoll für die Lerngruppe oder aber zu schwer oder zu leicht? Ist ein Aspekt mit den Interessen der Schüler und mit weiteren, beispielsweise organisatorischen, Voraussetzungen vereinbar oder aber nicht vereinbar? (Abgleich mit Lernvoraussetzungen)

Die Teilziele sollen eine entscheidende Orientierung für die Gestaltung des Unterrichts bieten. Sie müssen deshalb hinreichend konkret, das heißt auf Besonderheiten des Themas ausgerichtet sein. Zu bedenken ist allerdings auch, dass die Ziele nicht alle Aspekte der Feinanalyse beziehungsweise alle erwarteten

Ergebnisse der Stunde im Einzelnen angeben können, etwa alle Eigenschaften einer Figur im Rahmen einer Figurencharakterisierung oder aller Makropropositionen, die sich durch eine Sachtexterschließung ergeben. Vielmehr müssen manche dieser Aspekte für die Zielfindung auch zusammenfassend oder exemplarisch benannt werden.

Die Einflussfaktoren auf die didaktische Analyse im Überblick:

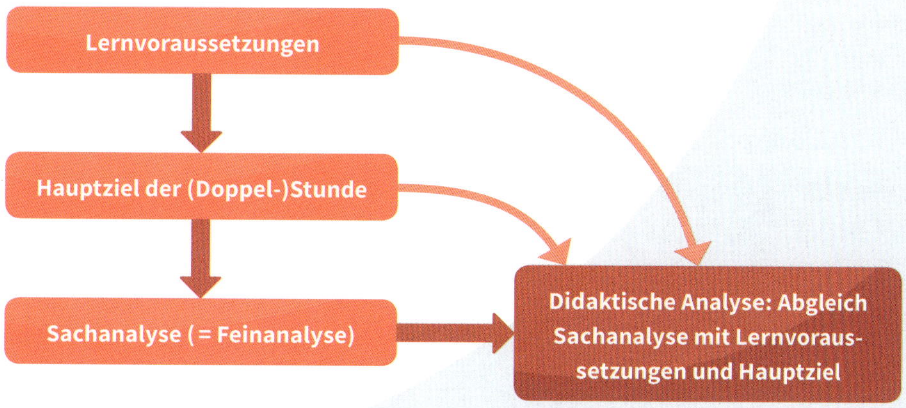

Beispiel für die didaktische Analyse eine Teilthemas/Textes

Didaktische Analyse von „Ein netter Kerl":

1. **Handlungs-/Figurenebene:**

- Das Gut von Rita ist nur teilweise offensichtlich (äußerlicher Respekt ihrer Familie gegenüber ihrem Verlobten) und muss zu einem anderen Teil deutend ergänzt werden (Achtung seiner menschlichen Qualitäten). Angemessener Schwierigkeitsgrad für die Schüler.
- Die Faktoren für die Auflösung (Kommunikation ohne explizite Aussprache, Figureneigenschaften Mut und Entschlossenheit) sind zwar relativ eindeutig, müssen jedoch rekonstruiert werden. Das stellt aufgrund der von Rita genutzten Ironie eine Herausforderung für die Schüler dar, ist aber für das Textverstehen unbedingt notwendig.
- Zudem bietet es sich an, die offensichtlichen Gründe für das Verhalten der Familienmitglieder (= Faktoren für die Komplikation: Figureneigenschaften Orientierung an äußeren Normen, Bosheit) deutend zu ergänzen (z. B. eigene Aufwertung).

2. **Darstellungsebene:**

- Die Anlage der Erzählung als dramatische Szene und insbesondere der Verzicht auf Innensicht mit den entsprechenden Funktionen (Rekonstruktion von Handlungselementen, Ergänzung von Gedanken und Gefühlen Ritas durch den Leser) sind für das Textverstehen von großer Bedeutung und bieten sich für eine Erarbeitung an. Angemessener Schwierigkeitsgrad für die Schüler.
- Dagegen ist die Erzählperspektive für diese Erzählung zugleich schwierig festzustellen und von keiner besonderen Bedeutung und kann deshalb vernachlässigt werden.

3. **Deutungsspektrum** mit Nutzung der Elemente Faktoren für die Komplikation und Faktoren für die Auflösung; keine Verengung auf die – vergleichsweise offensichtlichen – Faktoren für die Komplikation. Angemessener Schwierigkeitsgrad.

4. **Wirklichkeitsbezug und Wertung**: Ein expliziter Wirklichkeitsbezug bietet sich für die Schüler an, indem die Abwertung von Menschen anhand von Äußerlichkeiten und eine mögliche Gegenwehr fokussiert werden. Es sollte jedoch keine Reduzierung auf das Thema Vorurteile stattfinden. Eine Wertung wäre dagegen weniger sinnvoll, weil das Verhalten der Familie klar negativ und das von Rita im Vergleich dazu positiv erscheint.

5. **Kontextwissen:** Spezielles Kontextwissen ist für ein grundlegendes Verstehen der Erzählung nicht erforderlich.
Es bietet sich an, den Text auf die Epochenmerkmale der Literatur der siebziger Jahre hin zu überprüfen, gerade weil er nicht alle diese Merkmale in klarer Weise zeigt. Er fordert die Schüler damit zu einer differenzierten literaturhistorischen Betrachtung heraus.

4 Teilziele für Stunden festlegen

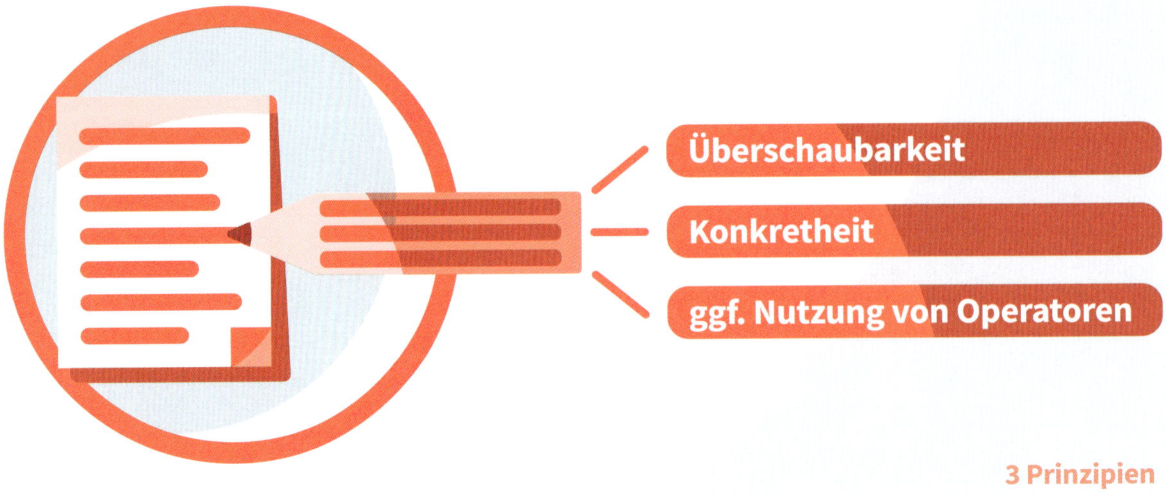

Für die Festlegung der Teilziele für (Doppel-)Stunden gelten grundlegend die gleichen Prinzipien wie für die der Teilziele für Einheiten (vgl. KAPITEL I.4.2).

Bei der Festlegung und sprachlichen Fixierung der Teilziele für Stunden ist das Folgende zu beachten:

1) **Überschaubarkeit und Gewichtung von Zielen:** Der Prozess der didaktischen Analyse inklusive der didaktischen Reduktion wird gegebenenfalls durch eine Bündelung der gewonnenen Ziele ergänzt (vgl. ebd.); zumeist sind circa drei Teilziele für eine Einzelstunde und circa fünf für eine Doppelstunde angemessen. Innerhalb der überschaubaren Zahl von Teilzielen ist in der Regel eine Gewichtung notwendig, damit der Unterricht einen angemessenen Schwerpunkt aufweisen kann. Es bietet sich dazu an, unter den gewonnenen Teilzielen ein zentrales Ziel oder auch mehrere zu bestimmen; sie können als erste der Teilziele genannt oder mit Fettdruck oder einem beigefügten ‚x' markiert werden. Zudem ist es möglich, Ziele als optionale zu kennzeichnen. Eine solche Festlegung von optionalen Teilzielen einer (Doppel-) Stunde kann auch für eine Binnendifferenzierung sinnvoll sein, falls die Schüler einer Lerngruppe größere Unterschiede in der Leitungsstärke aufweisen.

2) **Angemessene Konkretheit:** Es ist zu überprüfen, ob die Teilziele für (Doppel-)Stunden tatsächlich konkrete, wenngleich nicht alle möglichen Ergebnisse des zu planenden Lernwegs deutlich werden lassen. Diese Ergebnisse können auch ergänzend in Klammern genannt werden. Anstelle des allgemeinen Ziels „Figur x charakterisieren" ist beispielsweise das konkrete Ziel „zentrale Eigenschaften von Figur x nennen (v. a. Ehrlichkeit, Empathie, Optimismus)" sinnvoll, statt des Ziels „Kohärenzen bilden" das Ziel „globale Kohärenzen bilden (v. a. zu den Abschnitten x, y und z)".

3) **Nutzung von Operatoren:** Die Ziele sind so zu formulieren, dass die angestrebte Leistung möglichst eindeutig beschrieben wird. Zu diesem Zweck werden vornehmlich Operatoren verwendet, die relativ präzise definiert werden können und für die Formulierung von Aufgaben gängig sind, etwa: analysieren, beschreiben, beurteilen, charakterisieren, darstellen, einordnen, erläutern, erörtern, in Beziehung setzen, interpretieren, sich auseinandersetzen mit und vergleichen (zu einer Übersicht über Operatoren vgl. KAPITEL II.5.4). Optional können Ziele auch so formuliert werden, dass die angestrebte (für sich nicht ‚sichtbare') Leistung genannt wird und zusätzlich ein beobachtbares Verhalten, das anzeigt, ob die Schüler die geforderte Leistung erbracht haben („Die Schüler können das Verhalten des Protagonisten deuten, indem sie …").

Beispiel für die Entwicklung von Teilzielen für eine Doppelstunde

Didaktische Analyse: Gewinnung Ziele	Didaktische Analyse: Festlegung Teilziele Im Einzelnen können die Schüler:
▶ **Handlungs-/Figurenebene:** • Das Gut von Rita ist nur teilweise offensichtlich (äußerlicher Respekt ihrer Familie gegenüber ihrem Verlobten) und muss zu einem anderen Teil deutend ergänzt werden (Achtung seiner menschlichen Qualitäten). Angemessener Schwierigkeitsgrad für die Schüler.	• Ritas Komplikation (Gut: Respekt gegenüber Verlobten) darstellen und deutend ergänzen;
• Die Faktoren für die Auflösung (Kommunikation ohne explizite Aussprache, Figureneigenschaften Mut und Entschlossenheit) sind zwar relativ eindeutig, müssen jedoch rekonstruiert werden. Das stellt aufgrund der von Rita genutzten Ironie eine Herausforderung für die Schüler dar, ist aber für das Textverstehen unbedingt notwendig.	• die teilweise positive Auflösung mit ihren Faktoren (Figureneigenschaften Rita: Mut und Entschlossenheit, keine direkte Aussprache) darstellen;
• Zudem bietet es sich an, die offensichtlichen Gründe für das Verhalten der Familienmitglieder (= Faktoren für die Komplikation: Figureneigenschaften Orientierung an äußeren Normen, Bosheit) deutend zu ergänzen (z. B. eigene Aufwertung).	• mögliche Gründe für das Verhalten der Familienmitglieder zu Beginn und am Schluss der Erzählung deutend ergänzen;
• **Darstellungsebene:** Die Anlage der Erzählung als dramatische Szene und insbesondere der Verzicht auf Innensicht mit den entsprechenden Funktionen (...) sind für das Textverstehen von großer Bedeutung und bieten sich für eine Erarbeitung an. Angemessener Schwierigkeitsgrad für die Schüler.	• die dramenähnlichen Darstellungsverfahren darstellen und deren Wirkung erläutern.

Checkliste 9

Entwickele die Teilziele für die Stunde:

- ☐ Gewinne Teilziele für die Stunde mittels einer didaktischen Analyse (inkl. didaktischer Reduktion), d. h. prüfe die Aspekte der Sachanalyse (Feinanalyse) für das Stundenthema auf ihre Eignung als Ziele (a) mit Blick auf Hauptziel: Aspekt erforderlich für Erreichen des Hauptziels der Stunde? (b) mit Blick auf Lernvoraussetzungen: Aspekt nicht zu schwer und nicht zu leicht? Ist der Aspekt mit Interessen der Schüler/weiteren Lernvoraussetzungen vereinbar?

Lege die Teilziele fest:

- ☐ Überprüfe, ob die Ziele angemessen konkret sind, v. a. auf die Besonderheiten des Themas ausgerichtet (keine allgemeinen Ziele wie „die Handlung analysieren").
- ☐ Überprüfe, ob die Anzahl der Ziele überschaubar ist (häufig ausreichend: drei bis fünf), bündele sie falls nötig und gewichte die Ziele untereinander (durch Festlegung eines oder mehrerer zentraler Ziele, ggf. von optionalen Zielen).
- ☐ Formuliere die Ziele, indem du (nach Möglichkeit sichtbare) Ergebnisse des Lernprozesses benennst; nutze falls sinnvoll passende Operatoren (evtl. ergänzt um „können": „Die Schüler können ...").

5 Die Gestaltung von (Doppel-)Stunden

Auf Grundlage der Zielbestimmung für Stunden wird ihre Gestaltung geplant. Von grundlegender Bedeutung dafür sind die Phasierung des Lernweges, die Auswahl von Methoden und die Konstruktion von Aufgaben und Impulsen.

Phasierung: Unterricht strukturieren

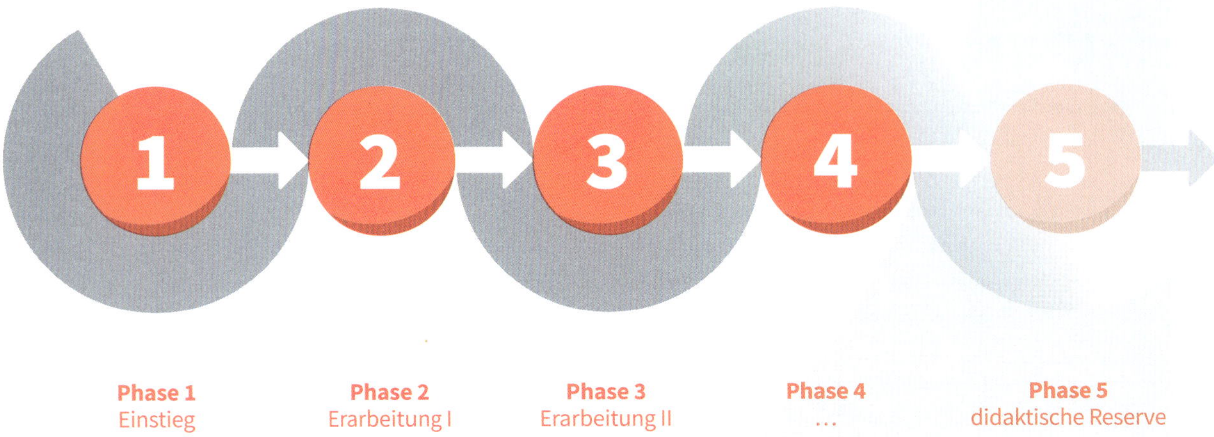

Lernwege zu planen heißt, sinnvoll aufeinander bezogene Schritte festzulegen, mit denen jeweils bestimmte Ziele erreicht werden sollen. Für eine entsprechende Strukturierung haben sich Muster etabliert, die zumeist die folgenden Phasen aufweisen:

- **Einstieg**, in der Regel mit Entwicklung von Hypothesen oder Fragen und evtl. von Lösungswegen
- **Erarbeitung** inklusive Auswertung (ggf. mehrere Erarbeitungsphasen)
- **Vertiefung, Anwendung, Transfer** (Auswahl, ggf. mehrere Phasen).

Die genannten Phasen gelten prinzipiell für die Lernwege von (Doppel-)Stunden ebenso wie für die von Einheiten (vgl. KAPITEL I.5) aller Fächer und erfassen auch die Struktur von Lernprozessen im Fach Deutsch in allen Kompetenzbereichen insgesamt angemessen. Für das Verstehen literarischer Texte steht jedoch auch eine speziellere Variante der Phasierung zur Verfügung (vgl. S. 46).

Im Rahmen der Phasierung für (Doppel-)Stunden wird ‚nur' eine Struktur für den Lernweg festgelegt; die konkretisierende Ausgestaltung dieser Struktur, die eine Durchführung von Unterricht ermöglicht, erfolgt erst in weiteren Schritten (vgl. KAPITEL II.5.2 und II.5.3).

Planungsentscheidungen für die Phasierung

- **Die zentralen Planungsentscheidungen** im Rahmen der Phasierung richten sich auf die Ziele und die Anzahl sowie die Abfolge der Unterrichtsphasen, zudem erfolgt eine Einschätzung ihres Zeitbedarfs. Der Einstieg als erste Phase ist allerdings schon ‚gesetzt'. Die Entscheidungen im Einzelnen:

  Ziele und Anzahl der Phasen: Zunächst sind die Teilziele der (Doppel-)Stunde auf Phasen zu verteilen. Zumeist bietet es sich an, ein Teilziel pro Phase zu nutzen, es können aber auch mehrere Ziele für eine Phase maßgeblich sein oder ein Ziel für mehrere Phasen. Dem Einstieg wird häufig kein Teilziel speziell zugeordnet.

Abfolge der Phasen: Auf dieser Grundlage wird bestimmt, welche Phasen Erarbeitungsphasen sein sollen und welche gegebenenfalls Phasen der Vertiefung, der Anwendung oder des Transfers. Zu bedenken ist: Die Phasen Vertiefung, Anwendung und Transfer sind nicht unbedingt in jeder (Doppel-)Stunde einzuplanen; sie können beispielsweise auch auf eine Stunde zum Abschluss der Einheit verschoben werden. Im Anschluss wird die Abfolge der Erarbeitungsphasen und gegebenenfalls auch von abschließenden Phasen bestimmt. Dafür sollen die Prinzipien Sachlogik, Schwierigkeitsgrad und Schülerinteresse maßgeblich sein (vgl. KAPITEL I.5.1).

Zeitbedarf: Mit Blick auf die Ziele wird schließlich der Zeitbedarf für die Phasen (innerhalb des zur Verfügung stehenden Zeitrahmens) vorläufig festgelegt. Eine endgültige Festlegung kann dann erst unter Berücksichtigung von Methoden und Aufgaben erfolgen.

Darüber hinaus sind die folgenden Aspekte zu berücksichtigen:

- **Zwischen den Phasen** gibt es ‚Gelenkstellen' in Form von Überleitungen, in denen Ergebnisse der abzuschließenden Phase aufgegriffen und noch zu lösende Fragen benannt werden (vgl. KAPITEL II.5.3). Denn nur so kann sichergestellt werden, dass die Schüler die Aufgaben der folgenden Phase als sinnvoll wahrnehmen.

- **In den Phasen,** insbesondere in den Erarbeitungsphasen, ist eventuell eine Auswertung nötig. Sie kann als Teilphase erfolgen oder auch in die Erarbeitung vollständig integriert werden. Zudem findet sich in der Regel in jeder Phase eine Teilphase der Ergebnissicherung, ausführlicher etwa in Form eines Tafelbildes, aber gegebenenfalls auch nur knapp in Form einer mündlichen Zusammenfassung.

- **Der Anfang:** Die Einstiegsphase weist einige Besonderheiten auf, die weitere Planungsentscheidungen erfordern.
  a) Grundsätzlich gilt, dass die Schüler in der Phase des Einstiegs Hypothesen, Fragen oder Problemstellungen und nach Möglichkeit auch Bearbeitungs- beziehungsweise Lösungswege entwickeln sollen, die für den Unterricht leitend sind und alle folgenden Phasen motivieren.
  Für die Erschließung literarischer Texte können die Schüler die Hypothesenbildung beispielsweise anhand der folgenden Fragen vornehmen:
  „Wie hat euch der Text gefallen? Welches Thema behandelt der Text? Was könnte der Text über dieses Thema aussagen?" „Welche Analysekategorien wollt ihr heranziehen, um eure Hypothesen zu überprüfen?"
  Allerdings kann gegebenenfalls der Einstieg ähnlich wie das Stundenende (vgl. o. Aspekt „Abfolge") eine Entlastung durch die Einheit erfahren. Eine Entwicklung von Hypothesen und Lösungswegen ist nicht unbedingt in jeder Stunde extra zu leisten. Es ist auch möglich, den Einstieg knapp zu halten, indem auf die in einer Einstiegsstunde der Einheit entwickelten Hypothesen oder auf Fragen oder Probleme verwiesen wird, die in den vorangegangenen Stunden aufgeworfen worden sind.
  b) Abgesehen von der Teilphase der Sicherung kann der Einstieg noch eine weitere Binnengliederung aufweisen; der Entwicklung von Hypothesen, Fragen oder Problemen kann eine Einstimmung (z. B. durch Bilder oder Musik) beziehungsweise eine Information über Thema und Ziele der Stunde vorausgehen.

- **Das flexible Ende:** Die bislang genannten Planungsschritte zielen auf einen Hauptweg von Unterricht. Es sind jedoch auch Überlegungen dazu angebracht, zu welchen Problemen es bei der Durchführung dieses Wegs kommen könnte und welche Abweichungen denkbar sind. Vor allem ist eine flexible Planung des Stundenendes von Bedeutung. Häufig ist nicht sicher absehbar, ob die Schüler den geplanten Lernweg in der vorgesehenen Zeit tatsächlich bewältigen werden; sie können schneller als erwartet, aber auch langsamer sein. Deshalb ist vorab zu überlegen, an welcher Stelle der Lernweg gegebenenfalls (vorerst) sinnvoll abgebrochen werden kann beziehungsweise ob Abkürzungen möglich sind (‚Notausstieg'). Zudem sind Vorkehrungen für den Fall zu treffen, dass der Lernweg zu verlängern ist; Lehrer sollen für diesen Fall eine didaktische Reserve in petto haben.

5 Spezifizierung des allgemeinen Modells: Literaturunterricht strukturieren

Falls der Unterricht auf das Verstehen literarischer Texte zielt, bietet sich die folgende Spezifizierung des allgemeinen Modells der Phasierung an:

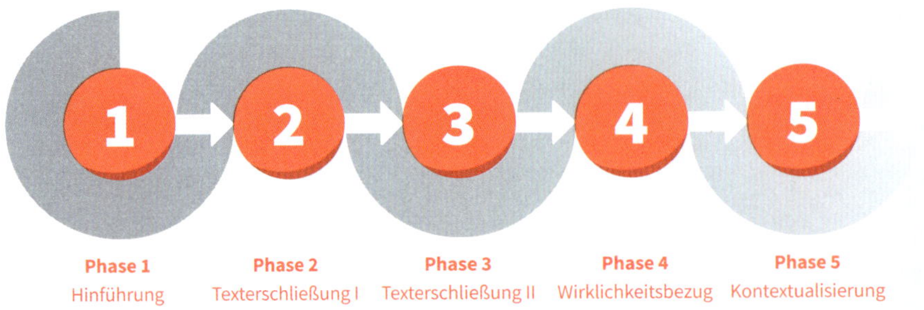

Variante: Phasierung für das literarische Textverstehen

Phase 1: HINFÜHRUNG zur Texterschließung: Einstimmung (Textpräsentation, Bilder …) und Hypothesenbildung (und Ergebnissicherung)

Phase 2: TEXTERSCHLIESSUNG mit Fokus „Textelemente erkennen“: Einzelne Textelemente (Inhalt/Form) und ihre Zusammenhänge untersuchen und ggf. deuten bzw. ihre Funktion bestimmen (und Ergebnissicherung)

Phase 3: TEXTERSCHLIESSUNG mit Fokus „(Gesamt-)Text deuten“: (Gesamt-)Deutung entwickeln (und Ergebnissicherung)

ggf. Phase 4: ggf. WIRKLICHKEITSBEZUG: die Deutung auf die eigene Lebenswirklichkeit beziehen (und Sicherung)

ggf. Phase 5: ggf. KONTEXTUALISIERUNG: speziellere Kontexte (z. B. Gattungswissen, Epochenwissen, biographisches Wissen) für die Deutung nutzen (und Ergebnissicherung)

VERTIEFUNG

Entdeckendes Lernen: Falls der Unterricht auf den Erwerb von Wissen zielt, soll in der Regel das entdeckende Lernen (vgl. KAPITEL II.5.2) genutzt werden. Dazu bietet sich die folgende Spezifizierung des allgemeinen Modells der Phasierung an:

- Einstieg: Entdeckung eines Problems/Entwicklung einer Fragestellung
- Erarbeitung I: Bearbeitung der Problemstellung
- Erarbeitung II: Auswertung der Bearbeitung der Problemstellung
- Anwendung: Anwendung des neu erworbenen Wissens
- ggf. Transfer: Übertragung des neu erworbenen Wissens auf andere Phänomene

Ein Beispiel: Die Schüler erwerben eine Kategorie der Erzähltextanalyse, und zwar die Perspektivierung. (1) Im Einstieg erhalten die Schüler verschiedene kurze Textauszüge mit unterschiedlicher Perspektivierung. Sie entdecken das Phänomen der Perspektivierung und stellen Hypothesen zu Typen der Perspektivierung auf. (2) Die Schüler untersuchen weitere Textauszüge unter dem Aspekt ihrer Perspektivierung und beschreiben abschließend die Perspektivierung in den Textauszügen. (3) Auf Grundlage ihrer Untersuchung bestimmen die Schüler Typen der Perspektivierung und gleichen ihre Ergebnisse mit Vorschlägen der Fachwissenschaft ab. (4) Die Schüler wenden ihre Ergebnisse (insbesondere Typen der Perspektivierung) auf weitere Textauszüge an und erwerben auf diese Weise die Kompetenz zur selbstständigen Anwendung der Kategorie Perspektivierung.

Beispiel für Phasierung: Stunde zum literarischen Textverstehen

Phase 1: HINFÜHRUNG
- Die Schüler können Deutungshypothesen zu der Erzählung „Das Brot" formulieren.

Phase 2: TEXTERSCHLIESSUNG I
- Die Schüler können die Handlung insbesondere unter den Aspekten Komplikation der Frau sowie der Teils-teils-Auflösung und der Gründe für die Auflösung analysieren und deutend ergänzen.

Phase 3: TEXTERSCHLIESSUNG II
- Die Schüler können die Nutzung von Innen- und Außensicht darstellen und ihre Funktionen (Empathie, Kontrast Rede - Gedanken) erläutern.

Phase 4: TEXTERSCHLIESSUNG III
- Die Schüler können Gesamtdeutungen unter bes. Berücksichtigung der Teils-teils-Auflösung diskutieren.

Phase 5: WIRKLICHKEITSBEZUG
- Die Schüler können die Aktualität des dargestellten Entscheidungszwanges diskutieren.

Phase 6: KONTEXTUALISIERUNG
- Die Schüler können neues Epochenwissen über die Nachkriegsliteratur darstellen und überprüfen, inwiefern dieses Wissen auf „Das Brot" zutrifft.

Checkliste 10.1

Lege einen phasierten Lernweg der (Doppel-)Stunde fest. Nutze dazu das Modell (1) Einstieg, (2) Erarbeitung (ggf. mehrere Erarbeitungsphasen); (3) ggf. Vertiefung, Anwendung, Transfer (Auswahl, ggf. mehrere Phasen) oder ein alternatives Modell für das literarische Textverstehen:

- ☐ Weise die Teilziele der (Doppel-)Stunde in sinnvoller Weise Phasen zu, ggf. unter Zusammenlegung oder ‚Aufsplittung' der Ziele.
- ☐ Lege fest, welche der Phasen nach dem Einstieg Erarbeitungsphasen, Phasen der Vertiefung etc. sein sollen.
- ☐ Lege eine sinnvolle Abfolge der Erarbeitungsphasen und ggf. der weiteren Phasen fest.
- ☐ Bestimme den Zielen entsprechend (vorläufig) den Zeitbedarf für die einzelnen Phasen.
- ☐ Berücksichtige Sicherungen als Teilphasen sowie Überleitungen zwischen den Phasen.
- ☐ Entscheide, ob im Einstieg eigene Hypothesen/Fragen bzw. Lösungswege für die Stunde gefunden werden oder auf schon zuvor entwickelte Hypothesen etc. zurückgegriffen werden soll; entscheide zudem, ob eine Einstimmung oder Information als eine erste Teilphase des Einstiegs erfolgen soll.
- ☐ Plane auch alternative Lernwege, bes. Alternativen für den Schluss (‚Notausstieg' und didaktische Reserve).

5 Methoden und Sozialformen

Methoden des Unterrichts (z. B. Textanalyse, Zusammenfassen von Textabschnitten, Schreibkonferenz, Ausfüllen von Lückentexten) sind Handlungstypen zum Erreichen von Zielen. Eine erhebliche Schwierigkeit bei der Auswahl von Methoden stellt ihre bislang unzureichende Systematisierung dar.

Im Folgenden wird zwischen

- ‚übergeordneten' **kompetenzbereichsspezifischen Methoden** für den Deutschunterricht und
- **kompetenzbereichsübergreifenden Methoden**

unterschieden.

Bereichsspezifische Methoden sind direkte Wege zum Erreichen von Zielen in einem Kompetenzbereich (z. B. die Textanalyse im Bereich „Lesen - mit Texten und Medien umgehen"). Bereichsübergreifende Methoden (z. B. Think-pair-share) können dagegen für alle Kompetenzbereiche unterschiedlicher Fächer genutzt werden; diese Methoden können alternativ als Organisationsformen des Unterrichts bezeichnet werden und umfassen auch die ‚einfachen' Sozialformen (Einzel-, Partner-, Gruppen- und Plenumsarbeit).

In der Regel dienen die bereichsübergreifenden Methoden beziehungsweise Sozialformen einer Umsetzung der bereichsspezifischen Methoden und werden deshalb nach ihnen ausgewählt (vgl. den Aspekt „Passung" S. 49).

Im Rahmen der Methodenwahl ist neben der Auswahl von bereichsspezifischen Methoden und bereichsübergreifenden Methoden beziehungsweise Sozialformen auch eine Wahl der Medien und gegebenenfalls von Arbeitstechniken (z. B. Internetrecherche) zu berücksichtigen.

Zu den methodischen Entscheidungen gehört darüber hinaus gegebenenfalls die Auswahl oder Erstellung von Texten oder Materialien (vgl. KAPITEL I.2.2), die den Unterricht unterstützen, ohne als eigene (Teil-) Themen gelten zu können (z. B. Texte, Bilder o. ä. für die Anregung einer Hypothesenbildung; Texte für die Darbietung oder Erarbeitung von Wissen; Texte, Lückentexte o. ä. zur Anwendung von bereits erworbenem Wissen).

Fünf Grundsätze für die Auswahl von Methoden und Sozialformen

1) **Passung:** In der Planung von (Doppel-)Stunden sind Methoden und Sozialformen für die einzelnen Phasen einer Stunde festzulegen, und zwar passend zu den Teilzielen, die diesen Phasen jeweils zugeordnet worden sind (vgl. KAPITEL II.5.1), sowie zu den Besonderheiten der Lerngruppe. Die Auswahl erfolgt anhand der Frage „Welche Methode beziehungsweise Sozialform eignet sich (besonders), damit die Schüler der Lerngruppe x das Ziel z erreichen können?" Diese Frage ist in der Regel zunächst für die bereichsspezifische Methode zu entscheiden. Im Anschluss wird dann festgelegt, welche Sozialform oder bereichsübergreifende Methode zur Realisierung der bereichsspezifischen Methode eingesetzt werden soll. Manche bereichsspezifischen Methoden geben allerdings die Wahl von Sozialformen schon vor (z. B. die Schreibkonferenz die Gruppenarbeit), und in manchen Fällen lässt sich für eine Phase auch nur eine bereichsübergreifende Methode oder Sozialform, aber keine bereichsspezifische Methode angeben (z. B. für einen Einstieg). Die Auswahl von Sozialformen kann auch zugunsten einer Binnendifferenzierung angesichts von unterschiedlichen Interessen und Leistungsstärken der Schüler erfolgen. Beispielsweise kann es empfehlenswert sein, dass die Schüler unterschiedliche beziehungsweise unterschiedlich schwierige Teilaspekte eines Themas in arbeitsteiliger Gruppenarbeit erarbeiten und die Gruppen in der Auswertung dann voneinander profitieren.

2) **Zusammenspiel:** Das Zusammenspiel von Methoden (und Sozialformen) muss berücksichtigt werden, und zwar zum Ersten für die Phasen innerhalb einer Stunde. Vor allem für jüngere Schüler ist ein Wechsel der Methoden und Sozialformen in der Regel notwendig, sowohl aus motivationalen Gründen als auch, damit ein sinnvolles Zusammenwirken von Phasen einer eher gelenkten und einer weitgehend selbstständigen Arbeit möglich wird (vgl. KAPITEL II.5.5). Für ältere Schüler gibt es allerdings auch Ausnahmen; beispielsweise kann ein Unterrichtsgespräch zu einem literarischen Text eine (Doppel-)Stunde ausfüllen, eine textanalytische Gruppenarbeit kann sich sogar über mehrere (Doppel-)Stunden erstrecken. In manchen Fällen ist es auch möglich, im Rahmen einer (Doppel-)Stunde eine Auswahl zwischen verschiedenen Methoden anzubieten, falls eine Binnendifferenzierung angesichts unterschiedliche ‚Lernstile' der Schüler sinnvoll erscheint. Zum Zweiten ist das Zusammenspiel von Methoden innerhalb einer Einheit (vgl. KAPITEL I.5.2) zu beachten. Auch hier gilt in gewissem Maße das Prinzip des Methodenwechsels.

3) **Selbstständigkeit:** Der Einsatz von bereichsspezifischen Methoden soll ein möglichst selbstständiges Arbeiten der Schüler ermöglichen. Die Schüler sollen entsprechende Methoden kennenlernen und zunehmend selbstständiger sowie in reflektierter Weise anwenden können; mitunter wird das als Erwerb von ‚Methodenkompetenz' bezeichnet. Das bedeutet allerdings nicht, dass Organisations- beziehungsweise Sozialformen, die ein gewisses Maß an Lehrerlenkung erfordern, aus dem Unterricht ausgeschlossen werden sollen. Vielmehr bietet sich in der Regel eine Mischung unterschiedlicher Formen an: Während die Schüler in Phasen der Erarbeitung häufig selbstständig beispielsweise in Gruppen arbeiten können, ist für den Einstieg, die Auswertungen und die Vertiefung in vielen Fällen Plenumsarbeit in der Variante des (zurückhaltend) gelenkten Unterrichtsgesprächs (vgl. S. 51) sinnvoll.

4) **Entdeckendes Lernen:** Für den Erwerb von Wissen im Unterricht erfüllt die Methode des entdeckenden Lernens (vgl. KAPITEL II.5.1) die Forderung nach einem selbstständigen Arbeiten: Die Schüler entdecken Probleme, bearbeiten sie anhand selbst entwickelter Fragestellungen und werten abschließend ihre Arbeit aus. Die Alternative zum entdeckenden Lernen, das darbietende Verfahren, ist nur dann sinnvoll, wenn die Entdeckung von Wissen mit einem unverhältnismäßig hohen Aufwand verbunden wäre. Die Methoden des entdeckenden und des darbietenden Lernens bilden insofern einen Sonderfall, als sie bereichsübergreifend, aber dennoch nicht ‚nachgeordnet' sind. Sie erfordern ihrerseits noch Entscheidungen über Sozialformen und in manchen Fällen auch über bereichsspezifische Methoden.

5) **Passende Text-/Materialauswahl:** Falls unterstützende Texte oder andere Materialien ausgewählt oder selbst erstellt werden müsen, ist auf Folgendes zu achten: Die Materialien sollen sachlich angemessen sein sowie ein möglichst hohes motivierendes Potenzial und einen angemessenen Umfang für die zu planende Stunde aufweisen.

5 Kompetenzbereichsspezifische Methoden

Die bereichsspezifischen Methoden sind zielorientiert. Ihre Zielpassung ergibt sich dadurch, dass sie nicht nur auf die einzelnen Kompetenzbereiche, sondern auch auf Teilkompetenzen innerhalb dieser Kompetenzbereiche zugeschnitten sind. Die folgende Übersicht (in Anlehnung an Baurmann u. a.: Methoden im Deutschunterricht) stellt eine entsprechende Systematisierung vor. Sie ist an vier Kompetenzbereichen ausgerichtet, ordnet den Bereichen Teilkompetenzen zu und nennt exemplarisch für vier Teilkompetenzen Methoden, die den Schülern helfen sollen, diese Kompetenzen zu entwickeln.

Lesen – mit Texten und Medien umgehen

Literarische Texte verstehen und nutzen; Methoden: Textanalyse • Unterrichtsgespräch (Methode für Deutung und Wirklichkeitsbezug) • handlungs- und produktionsorientierte Verfahren • textnahes Lesen • schriftliche Interpretation

Sachtexte verstehen und nutzen; Methoden: Textanalyse • strategieorientierte Texterschließung (Thema, Funktion und Struktur eines Textes erschließen)

Medienproduktionen verstehen und nutzen; Methoden: Medienanalyse (Filmanalyse, Analyse sozialer Medien/Kommunikation in den Neuen Medien) • handlungs- und produktionsorientierte Verfahren

Schreiben als Verfassen von Texten

Texte planen; Methoden: Brainwriting • Ateliers • Thesentopf • einen Schreibplan entwickeln • eine Schreibstrategie wählen

Texte formulieren; Methoden: automatisches Schreiben • Wortschatz aus der Werkzeugkiste/Sprachmuster-Koffer: passende Formulierungen wählen

Texte überarbeiten; Methoden: Fragelawine • Textlupe • Text-Hand-Verfahren • Schreibkonferenz • Auffälligkeiten entdecken • Dialogisches Überarbeiten

Sprechen und Zuhören

Sprechen zu und vor anderen; Methoden: Referieren • Präsentieren • (informierender, argumentierender ...) Kurzvortrag • Stegreifrede • Leseprobe • Redeanalyse

Sprechen mit anderen; Methoden: Diskussion • Amerikanische Debatte • Fishbowl • Konfliktgespräch/Schlichtungsgespräch • Gesprächsanalyse

Verstehendes Zuhören; Methoden: aktives Zuhören • verstehendes Zuhören

Szenisches Spielen; Methoden: Sprachspiele • Rollenspiel • szenisches Spiel

Sprache und Sprachgebrauch untersuchen

Ermittlung grammatischer Kategorien; Methoden: Umstellproben • Ersatzproben • Erweiterungsproben • Vergleichs- und Übertragungsproben

Ermittlung von Wortarten; Methoden: Umstellproben • Verschiebeproben • Ersatzproben • Austauschproben • Umformungsproben • Verkürzungproben

Ermittlung sprachlicher Richtigkeit; Methoden:
Eigendiktiat • Fremddiktat • Diktieren im Wechsel • Silbenproben

Die oben genannten Methoden für die verschiedenen Kompetenzbereiche weisen einen unterschiedlichen Grad an Allgemeinheit und damit auch eine unterschiedliche Bedeutung für den Unterricht auf. Das kann zu ausgewählten Methoden folgendermaßen erläutert werden.

Methoden für den Bereich „Verstehen literarischer Texte“

- **Die Textanalyse** erlaubt eine selbstständige Textuntersuchung auf den Ebenen des Inhalts und der Form mithilfe von systematisch aufeinander bezogenen Kategorien. Weil die Textanalyse ein reflektiertes und systematisches Vorgehen ermöglicht und in hohem Maße lehr- und lernbar ist, kann sie als der zentrale Weg zum Erkennen von Elementen literarischer Texte gelten. Die textanalytischen Kategorien können als Grundlage für Strategien des literarischen Textverstehens genutzt werden.
- **Handlungs- und produktionsorientierter Literaturunterricht** (abgekürzt häufig HPLU oder HP) ist das quasi-literarische Schreiben beziehungsweise das ganzheitliche Handeln im Rahmen der Rezeption literarischer Texte. Die entsprechenden Verfahren werden zumeist für die Deutung und den Wirklichkeitsbezug genutzt.
- **Im Unterrichtsgespräch** können Schüler ihre Deutungen eines literarischen Textes oder auch ihre Wirklichkeitsbezüge mit denen ihrer Mitschüler abgleichen und auf diese Weise bestätigen, verändern oder differenzieren.
- **Die schriftliche Interpretation beziehungsweise der Interpretationsaufsatz** ermöglicht es den Schülern ebenfalls, ihre Deutungen sowie ihre Wirklichkeitsbezüge zu einem literarischen Text darzulegen und weiterzuentwickeln. Der Interpretationsaufsatz umfasst allerdings vorbereitend auch eine Textuntersuchung, zumeist eine Textanalyse.

Die genannten Methoden sind für eine Förderung der jeweils angezielten Teilkompetenz zentral, auch wenn Handlungs- und Produktionsorientierung, Unterrichtsgespräch und schriftliche Interpretation prinzipiell methodische Alternativen für die Förderung von Deutungen und Wirklichkeitsbezügen bilden. Die Schüler sollen die zentralen Methoden auf jeden Fall nutzen können. Sie lassen sich noch aufgliedern, beispielsweise die Textanalyse (für epische Texte) in die Handlungs-, Figuren- und Darstellungsanalyse und der produktionsorientierte Unterricht in eine Vielzahl von textverändernden oder -erweiternden Verfahren.

Methoden für den Bereich „Überarbeiten von Texten“

- **Die Fragelawine:** Schüler formulieren bei der Lektüre eines Schülertextes (z. B. Beginn einer Erzählung) Fragen zu Auffälligkeiten im Text; erste vom Rezipienten am Blattrand notierte Fragen werden mit dem Text an Banknachbarn weitergegeben und von weiteren Mitschülern ergänzt; die Kommentare sollen so formuliert sein, dass sie beim Überarbeiten vorliegender Fassungen helfen.
- **Die Textlupe:** Schüler formulieren Hinweise auf Gelungenes und weniger Gelungenes im Rahmen einer Tabelle mit Spaltenüberschriften wie „Das hat mir gut gefallen.“, „Hier fällt mir etwas auf.“, „Hier habe ich noch Fragen.“, „Meine Tipps!“ (Bogen kann durch die Klasse ‚wandern‘).

Diese Methoden sind – im Vergleich zu den zentralen Methoden für das literarische Textverstehen – sehr viel spezieller und konkurrieren mit einer Vielzahl an weiteren Methoden, die ebenfalls einer Förderung der angezielten Teilkompetenz (Überarbeitung eigener Texte) dienen.

Vertiefung

Lese- beziehungsweise Verstehensstrategien: Für das Verstehen sowohl von literarischen als auch von Sachtexten wird ein selbstständiges Vorgehen der Schüler insbesondere durch eine Nutzung von Lese- beziehungsweise Verstehensstrategien erreicht. Als Grundlage dazu ist der Erwerb von Wissen über Strategiesets notwendig. Dieses Wissen soll nicht in mechanischer, sondern in reflektierter Weise angewandt werden, und zwar durch die Auswahl von passenden Strategien jeweils für einen konkreten Text. Die Sets umfassen Strategien zu allen Teilen des Verstehens von Texten einer Gattung. Die Nutzung solcher Sets kann selbst als eine Methode gelten, umfasst aber auch andere Methoden, vor allem die Textanalyse.

5 Kompetenzbereichsübergreifende Methoden und Sozialformen

In der Diskussion über allgemeine, nicht auf das Fach Deutsch zugeschnittene Vorgehensweisen im Unterricht gibt es eine fast unüberschaubare Anzahl von Vorschlägen. Sie werden durchgängig Methoden genannt (das gilt selbst für den Sitzkreis), auch wenn die Bezeichnung Organisationsformen sinnvoller wäre. Aller Unübersichtlichkeit zum Trotz: Einige Organisationsformen können als mittlerweile fest etabliert gelten. Ein geeignetes Kriterium für ihre Systematisierung ist zumeist ihr Bezug zu den ‚einfachen' Sozialformen. Sie sind Varianten beziehungsweise Spezifizierungen der Partnerarbeit, der Gruppenarbeit oder der Plenumsarbeit oder dienen einer Verbindung dieser Typen.

Das prominenteste Beispiel einer Verbindung von Sozialformen ist das Verfahren Think-Pair-Share: allein denken, sich mit einem Partner austauschen und abschließend Arbeitsergebnisse im Plenum vorstellen und diskutieren.

Im Folgenden werden gängige Organisationsformen exemplarisch aufgeführt, die zwar nicht ausschließlich, aber in erster Linie als Varianten einer Sozialfom gelten können:

Organisationsformen als Varianten von Partnerarbeit:

- **Lerntempoduett** mit Wechsel von Einzel- und Partnerarbeitsphasen: Schüler bearbeiten einzeln eine (identische) Aufgabe, anschließend tauschen sie sich in Partnerarbeit mit einem Mitschüler aus, der ungefähr zeitgleich die Bearbeitung der Aufgabe abschließt, dann weitere Aufgaben nach gleichem Schema.
- **Partnerpuzzle** mit zwei Partnerarbeitsphasen mit jeweils neuer Zusammensetzung: In der ersten Phase erarbeiten Expertenpaare zwei Arbeitsmaterialien arbeitsteilig (Expertenpaare A mit Material A etc.); in der zweiten Phase stellen sich jeweils zwei Schüler aus den Expertenpaaren A und B in einer ‚gemischten Gruppe' ihre Ergebnisse wechselseitig vor.
- **Partnerbriefing:** Schüler arbeiten einzeln arbeitsteilig an zwei (themenverwandten) Materialien beziehungsweise Aufgaben, anschließend informieren sie sich gegenseitig in ‚gemischter' Partnerarbeit über ihre Ergebnisse.

Organisationsformen als Varianten von Gruppenarbeit:

- **Placemat:** Arbeitsbogen mit Einzelfeldern und Gemeinschaftsfeld; Schüler notieren in (Stillarbeits-)Phase Ergebnisse zu einer Aufgabe in ‚ihrem' Einzelfeld, dann Austausch und Entwicklung eines Gruppenergebnisses (in Gemeinschaftsfeld), dann Präsentation vor Klasse.
- **Schreibgespräch:** Arbeitsbogen mit Thema und gegebenenfalls einzelnen Begriffen (auf Bogen verteilt), Schüler notieren im Wechsel ohne zu sprechen Stichwörter oder kurze Äußerungen, die sich aufeinander beziehen; anschließend Austausch (in Gruppe) und Präsentation (vor Klasse).
- **Guppenpuzzle:** In Stammgruppen werden Teilthemen eines Themas auf Gruppenmitglieder verteilt, anschließend arbeiten die Gruppenmitglieder in Expertengruppen (Schüler mit gemeinsamen Teilthema), dann wieder in Stammgruppen (Präsentation und Austausch).

Organisationsformen als Varianten von Plenumsarbeit:

- **Fishbowl-Diskussion:** Eine Schülergruppe diskutiert (in der Mitte des Raumes), die anderen Schüler beobachten; anschließend Rückmeldungen.
- **Brainstorming:** Ein Begriff oder eine Frage wird (an der Tafel) vorgegeben; anschließend äußern die Schüler Ideen, Vermutungen etc., die ebenfalls an der Tafel notiert werden; abschließend erfolgt eine Ordnung der Begriffe.
- **Unterrichtsgespräch** möglichst mit offenem Impuls zu Beginn und Moderation/zurückhaltender Lenkung durch den Lehrer.
- **Schülerpräsentation** als (mediengestützte) Darbietung eines Schüler-Teams mit Vorbereitung der Präsentation in Gruppen und Nachbereitung im Plenum (Feedback durch die Lerngruppe, ggf. Sicherung von Ergebnissen).

Die genannten Organisationsformen lassen sich insgesamt gut mit den bereichsspezifischen Methoden kombinieren wie die folgenden Beispiele für den Bereich der Erschließung literarischer Texte zeigen:

- Die Methode der **Textanalyse** kann insbesondere durch solche Varianten der Partner- oder Gruppenarbeit (z. B. Partnerpuzzle) erfolgreich durchgeführt werden, die es ermöglichen, unterschiedliche Aspekte einer Analyse auf Schüler zu ‚verteilen'; anschließend sollen die Schüler ihre Ergebnisse zusammenführen und gegebenenfalls dem Plenum vorstellen.
- Für das **Unterrichtsgespräch** als Methode zur Deutung literarischer Texte kann außer dem ‚klassischen' Gespräch beispielsweise das Schreibgespräch genutzt werden, in dem Schüler schreibend miteinander kommunizieren.

Beispiele für die Nutzung von Methoden im Literaturunterricht:

Textanalyse:
„Stellt das Verhalten der Familie und das von Rita im ersten Teil der Geschichte (bis …) dar.
[Erörtert anschließend: Welche Gründe könnte das Verhalten der Figuren haben?]"
(kombiniert mit Partnerarbeit, Lerntempoduett oder Placemat)

Handlungs- und Produktionsorientierung:
„Rita teilt schließlich ihre Verlobung mit. Welche Gedanken/Gefühle könnte sie unmittelbar zuvor haben? Schreibt einen (kurzen) inneren Monolog."
„Am Schluss sprechen Vater und Mutter erneut über den Verlobten. Lest die wörtliche Rede in dem entsprechenden Abschnitt so vor, dass eure Leseweise zum Text passt. Vergleicht und diskutiert."
(kombiniert mit Einzel- und Plenumsarbeit bzw. Schülerpräsentation)

Unterrichtsgespräch:
„Erörtert: Welches Bild von Menschen in schwierigen Situationen legt die Erzählung uns nahe?"
(kombiniert mit Plenumsarbeit oder Schreibgespräch)

Checkliste 10.2

Wähle Methoden für die Stunde aus:

- ☐ Lege für die einzelnen Phasen der Stunde bereichsspezifische Methoden und ggf. Verfahren im Rahmen dieser Methoden fest, und zwar passend zu den Zielen der jeweiligen Phase und der Lerngruppe.
- ☐ Ergänze die Auswahl bereichsspezifischer Methoden durch die begründete Wahl von bereichsübergreifenden Methoden oder von ‚einfachen' Sozialformen. Bestimme zudem die zu nutzenden Medien und ggf. Arbeitstechniken.
- ☐ Wähle ggf. den Unterricht unterstützende passende Texte/Materialien aus oder erstelle sie selbst (für die Bildung von Fragen/Hypothesen, die Darbietung oder die Anwendung von Wissen).
- ☐ Achte auf eine sinnvolle Zusammenstellung von Methoden für die (Doppel-)Stunde (i. d. R. Methodenwechsel notwendig) und innerhalb der Einheit.
- ☐ Berücksichtige als zentralen Grundsatz: Bereichsspezifische Methoden sollen ein möglichst selbstständiges Arbeiten der Schüler ermöglichen. Wähle dementsprechend nach Möglichkeit Methoden aus, die die Schüler zunehmend selbstständiger für die Bearbeitung von Problemstellungen anwenden können.
- ☐ Wähle für den Wissenserwerb in der Regel (falls damit kein unverhältnismäßiger Aufwand verbunden wäre) das entdeckende Lernen: Schüler entdecken Probleme, bearbeiten sie bzw. selbst entwickelte Fragestellungen und werten abschließend ihre Arbeit aus.

5 Aufgaben konstruieren und Impulse vorbereiten

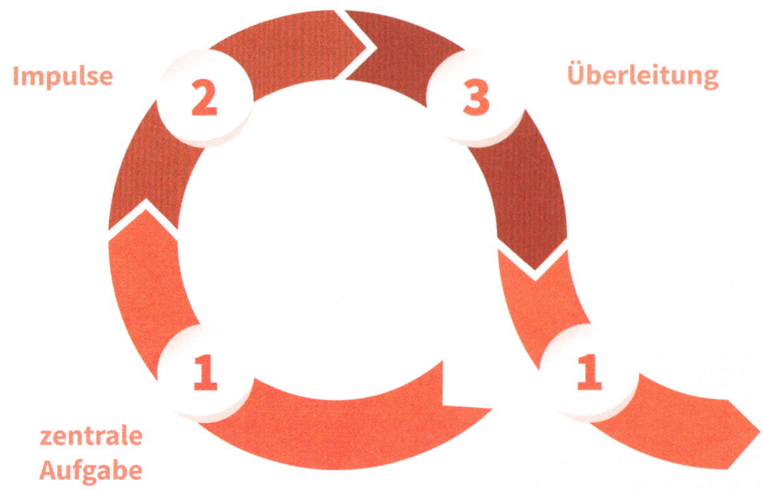

Die Phasierung des Lernwegs und die Auswahl von Methoden werden durch die Konstruktion von zentralen Aufgaben ergänzt. Dazu kommen die Vorbereitung von Impulsen und die Formulierung von Überleitungen.

Zentrale Aufgaben, Impulse und Überleitungen

Zentrale Aufgaben ermöglichen eine Umsetzung der zuvor getroffenen didaktischen und methodischen Entscheidungen in konkrete Handlungsanweisungen für den Unterricht und sind von entscheidender Bedeutung dafür, dass die Schüler die für eine Phase maßgeblichen Ziele erreichen können. Die Aufgaben sollen so konstruiert werden, dass sie einen angemessenen Schwierigkeitsgrad aufweisen, und für die Schüler klar und verständlich sind. Sie sind vorab einschließlich ihres Wortlauts zu planen, allerdings so, dass sie flexibel eingesetzt, das heißt dem Unterrichtsverlauf angepasst werden können. Zudem ist es sinnvoll, einen Erwartungshorizont für die Lösungen festzulegen; auf diese Weise kann der Lehrer auch überprüfen, ob seine Aufgabe grundlegend ergiebig ist.

Impulse: Die Aufgaben führen in der Regel zu einem Unterrichtsgeschehen in Form von Gesprächen, das der Lehrer durch Impulse lenken muss. Impulse können als ‚ergänzende Aufgaben' gelten, lassen sich aber im Gegensatz zu den zentralen Aufgaben nicht genauer vorbereiten. Die Impulse sind für das Unterrichtsgespräch als Methode des literarischen Textverstehens (vgl. KAPITEL II.5.2) besonders bedeutsam, aber auch zum Beispiel für die Auswertung von Aufgaben in Einzel-, Partner- oder Gruppenarbeit wichtig.

Überleitungen: Ähnlich wie die Aufgaben sind auch die Überleitungen (vgl. KAPITEL II.5.1) zwischen den Unterrichtsphasen im Rahmen der Stundenplanung vorzuformulieren, auch wenn sie häufig dem Unterrichtsverlauf entsprechend modifiziert werden müssen.

Die zentralen Aufgaben (Fokus Schwierigkeitsgrad)

Aufgaben sind zunächst ‚nur' Umsetzungen schon getroffener Planungsentscheidungen über Ziele und Methoden. Auch der Schwierigkeitsgrad einer Aufgabe ergibt sich vor allem aus dem Ziel (inkl. Thema), das durch sie erreicht werden soll. Das Ziel entscheidet über die Komplexität der geforderten kognitiven Operationen und zudem über Offenheit oder Geschlossenheit einer Aufgabe (d. h. darüber, welchen Spielraum sie für eine Lösung bietet). Dennoch werden bei der Aufgabenkonstruktion noch Entscheidungen getroffen, und zwar solche, die sich auf den Schwierigkeitsgrad auswirken, vor allem Entscheidungen zum Aspekt

1) der Lenkung, zudem solche
2) zur formalen Komplexität und
3) zum Format.

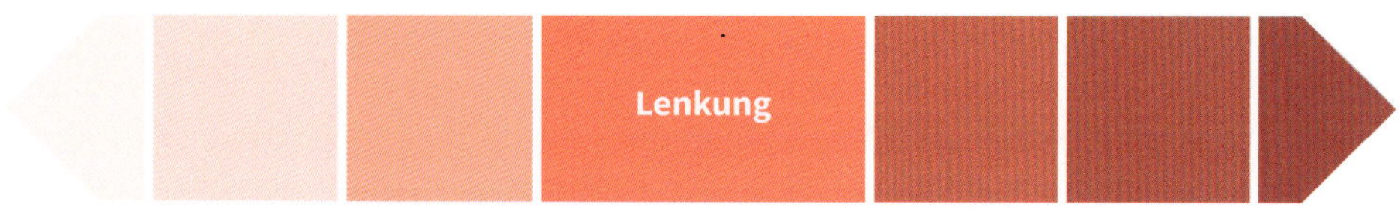

1) **Die Lenkung:** Aufgaben nutzen unterschiedliche Lenkungsgrade, das heißt sie sind stets zwischen den Polen ‚sehr starke Lenkung' und ‚keine Lenkung' angesiedelt, sowie unterschiedliche Typen der Lenkung. Lenkungen sind Vorgaben, die die Schüler als Hilfen für die Lösung erhalten und die dementsprechend in der Regel eine Aufgabe einfacher machen. Die Frage, in welchem Maße eine Aufgabe lenkend sein soll, muss mit Blick auf das angestrebte Ziel und die Schüler entschieden werden. Denn entsprechend dem Grundsatz der Selbstständigkeit soll Lenkung nur in dem Maße eingesetzt werden, in dem sie zu einer Unterstützung erforderlich ist. Beispielsweise kann einer leistungsstarken Lerngruppe die kaum lenkende Aufgabe „Analysiert den Text" gestellt werden, weil ihr eine selbstständige Auswahl von Kategorien zuzutrauen ist. Eine Gruppe mit mittlerem Leistungsvermögen kann dagegen die in mittlerem Maße lenkende Aufgabe „Analysiert den Text; beachtet dabei auch Erzähler und Perspektivierung" erhalten, und für eine schwache Gruppe kann eine starke Lenkung genutzt werden, indem die zu nutzenden Analysekategorien vollständig vorgegeben werden. Unterschiedliche Lenkungsgrade wie im obigen Beispiel sind auch für die Differenzierung innerhalb einer Lerngruppe häufig sinnvoll.

Die Lenkungstypen sind teilweise bereichsspezifisch und tendenziell mehr oder weniger stark lenkend. Für die Erschließung literarischer Texte etwa können als Lenkungen genutzt werden (tendenziell aufsteigender Lenkungsgrad): (1) Angabe von Analysekategorien, (2) Eingrenzung von Ergebnissen, (3) Hinweise auf Textstellen, (4) Hinweise auf Kontexte, (5) Textvergleich, (6) konzeptuelle Vorgaben und (7) Vorgabe von (Teil-)Ergebnissen.

2) **Die formale Komplexität** ergibt sich aus der Aufteilung von Teilzielen auf Aufgaben. Etwa hat eine Aufgabe, die lediglich das Ziel Erkennen eines Textmerkmals umsetzt, einen geringeren Komplexitätsgrad als eine, die die Ziele Erkennen unterschiedlicher Merkmale und Verschriftlichung der Verstehensleistung verbindet. Bei der Konstruktion von Aufgaben ist auf einen für die Schüler angemessenen Komplexitätsgrad zu achten. Dazu ist bei der Umwandlung von Zielen jeweils zu prüfen, ob sie in eine Aufgabe, eine Aufgabe mit Teilaufgaben oder in mehrere Aufgaben transformiert werden sollen. Zwar macht ein geringerer Komplexitätsgrad die Lösung einer Aufgabe nicht grundlegend einfacher, erleichtert aber das Aufgabenverstehen und kann zudem Hilfen für die Strukturierung des Arbeitsprozesses bieten.

3) **Das Format:** Aufgaben haben unterschiedliche Formate, zwischen denen zu wählen ist: Aufgaben im offenen Format verlangen als Lösungen sprachliche Texte, Aufgaben im halboffenen Format wenige Sätze oder Stichpunkte, Aufgaben im geschlossenen Format sind ohne sprachliche Äußerungen (z. B. durch Ankreuzungen oder Zuordnungen) zu lösen. Aufgaben im geschlossenen oder halboffenen Format sind zwar nicht an und für sich leichter als solche im offenen, können aber Schülern mit geringeren Kompetenzen zur Sprachproduktion eine Lösung erleichtern. Die Aufgabenformate können dementsprechend auch für eine Binnendifferenzierung angesichts sprachlicher Heterogenität eingesetzt werden.

5

Die Impulse in Unterrichtsgesprächen

Unterrichtsgespräche können zwar nicht im Detail vorausgeplant werden, aber es lassen sich **Grundsätze für ihre Gestaltung** angeben:

- Zugunsten einer Selbstständigkeit der Schüler soll sich der Lehrer soweit möglich auf die **Moderation** des Gesprächs beschränken.
- Lenken soll der Lehrer nur falls nötig, und zwar zunächst mit **zurückhaltenden Impulsen**. Nur falls das nicht ausreicht sind eventuell stärker lenkende Impulse angebracht (Nachsteuerung). Das kann beispielsweise der Fall sein, wenn sich abzeichnet, dass die Ergebnisse einer Einzel-, Partner- oder Gruppenarbeit unzureichend sind oder wenn Gespräche zu literarischen Texten ‚auf den Holzweg geraten' oder ‚sich im Kreise drehen'.
- Für die mehr oder weniger starke Lenkung des Unterrichtsgespräches stehen die teilweise bereichsspezifischen **Typen der Lenkung** für Aufgaben (vgl. den Aspekt „Lenkung" S. 55) zur Verfügung und zudem solche, die speziell für das Unterrichtsgespräch in allen Bereichen nutzbar sind (vgl. u.).
- Während der Planung des Unterrichts ist bereits zu reflektieren, welches Maß an Lenkung für die Unterrichtsgespräche vermutlich erforderlich sein wird und welche Lenkungstypen sinnvoll sein könnten. Darüber hinaus kann es insbesondere für Anfänger sinnvoll sein, eine Auswahl von möglichen Impulsen für die Lenkung zusammenzustellen.

Impulse für Lenkung im Unterrichtsgespräch
(aufsteigend von „eher schwach" zu „eher stark")

- Hinweis auf Gemeinsamkeiten und/oder Unterschiede von Schülerbeiträgen
- Hinweis auf besonders interessante (ergiebige) Beiträge einzelner Schüler
- Hinweis auf Unvereinbarkeit von Schülerbeiträgen mit Thema/Text
- Hinweis auf noch offene Fragen
- Hinweis auf noch zu berücksichtigende Teile des Themas/Textes
- Konzeptuelle Vorgaben: Hypothesen für eine Überprüfung, auch vom Lehrer »spielerisch« vorgebrachte (einseitige, zugespitzte)

Die Überleitungen

Überleitungen zwischen den Unterrichtsphasen sind notwendig, um die Phasen miteinander zu verbinden: Sie dienen der ‚Legitimation' des nächsten Schrittes im Unterricht und sorgen damit für eine angemessene Transparenz des Lernwegs und eine Motivation zur Beteiligung der Schüler. In den Überleitungen wird das bislang Erarbeitete aufgegriffen beziehungsweise zusammengefasst und es wird der nächste Schritt des Lernwegs begründet und damit motiviert.

Zur Formulierung von zentralen Aufgaben und Impulsen

Um eine klare und verständliche Formulierung von zentralen Aufgaben zu erreichen, ist darauf zu achten, dass die Angabe von Sozial- beziehungsweise Organisationsformen in der Regel erst als ‚Nachtrag' zur ‚eigentlichen Aufgabe' erfolgen soll; denn den Schülern soll eine angemessene Konzentration auf Sachaspekte möglich sein. Zudem ist für Aufgaben und Impulse zu bedenken, dass sich häufig, aber nicht unbedingt in allen Fällen eine Nutzung von Operatoren anbietet. (Nähere Erläuterungen im folgenden Teilkapitel)

Beispiele für Lenkung im Unterrichtsgespräch

Beispiele: (1) literarisches Textverstehen (Peter Stamm: „Agnes“) und (2) Sprache und Sprachgebrauch untersuchen (Konjunktiv II)

Hinweis auf Gemeinsamkeiten und/oder Unterschiede von Schülerbeiträgen

- Anna sagt, dass der Erzähler sich gegenüber Agnes unmöglich verhält. Elli meint aber, dass Agnes einfach ein Problem mit sich selber hat. Könnt ihr sagen, wer von beiden Recht hat?
- Anna und Elli haben beide in diesem Text Sätze mit Verben in ungewöhnlichen Formen gefunden, z. B. „Ich spränge in die Luft“ und „ich riefe meine Freundin an“. Könnt ihr noch mehr von diesen Formen finden?

Hinweis auf besonders interessante (ergiebige) Beiträge einzelner Schüler

- Luisa meinte vorhin, dass wir ja gar nicht wissen, ob Agnes tatsächlich so introvertiert ist. Passt das zu dem, was ihr gerade gesagt habt?
- Luisa sagte anfangs, dass hier jemand einen ziemlich unrealistischen Wunsch zum Ausdruck bringt. Was meint ihr nun dazu?

Hinweis auf Unvereinbarkeit von Schülerbeiträgen mit Thema/Text

- Selma meint, dass Agnes schließlich ihre eigenen Wünsche aufgibt und sich dem Erzähler anpasst. Passt das zum Text?
  Selma sagt, dass wir es auch mit Sätzen in der Vergangenheitsform zu tun hätten, z. B. mit „ich ging auf Reisen“. Steht dieser Satz denn im Text?

Hinweis auf noch offene Fragen

- Wir haben also festgestellt, dass der Erzähler ein Problem hat: Er will Agnes nahe sein, schafft es aber bisweilen nicht. Jetzt müssen wir noch überlegen, woran das liegen könnte …
- Wir haben bis jetzt erarbeitet, dass in dem Text eher unrealistische Vorstellungen zum Ausdruck kommen. Nun müssen wir klären, welche grammatischen Formen dazu genutzt werden …

Hinweis auf noch zu berücksichtigende Teile des Themas/Textes

- Wir haben aber die beiden letzten Sätze des Textes noch gar nicht in unsere Überlegungen einbezogen. Wie versteht ihr die?
- In Zeile xx des Textes heißt es nun aber: „Ich würde mir ein Motorboot kaufen […].“ Passt das zu den vorhergehenden Sätzen?

Konzeptuelle Vorgaben:
Hypothesen für eine Überprüfung, auch ‚spielerisch‘ vorgebrachte (einseitige, zugespitzte) Behauptungen der Lehrkraft

- Also ich meine, der Erzähler leidet unter einer deutlichen Beziehungsstörung …
- Ich denke, den Konjunktiv II wird doch heutzutage niemand mehr im Alltag benutzen …

Checkliste 10.3

Bereite zentrale Aufgaben, Überleitungen und ggf. weitere Impulse für die Stunde vor:

- ☐ Konstruiere zentrale Aufgaben, die für die Schüler angemessen schwierig sind. Beachte dazu außer dem angestrebten Teilziel und der gewählten Methode vor allem den Aspekt a) Lenkung (Grad und Typ der Lenkung) und zudem die Aspekte b) formale Komplexität und c) Format. Ergänze ggf. einen Erwartungshorizont.
- ☐ Formuliere Überleitungen für die Teilphasen der Stunden.
- ☐ Stelle ggf. eine Auswahl von lenkenden Impulsen für die geplanten Unterrichtsgespräche zusammen.
- ☐ Formuliere Aufgaben in klarer und verständlicher Weise. Nutze Anweisungen mit Operatoren oder die Form der Frage je nach Unterrichtskontext; setze Angaben zu Sozial- bzw. Organisationsformen an die letzte Stelle.

5 Exkurs: Formulierungsvarianten

Operator

Frage

Die zentralen Aufgaben und Impulse sind in hohem Maße durch didaktische und methodische Entscheidungen einschließlich der zu Lenkung, Komplexität und Format bestimmt. Für die Formulierung sind jedoch noch weitere Entscheidungen zu treffen, beispielsweise solche über die Anrede der Schüler oder über die Nutzung von Termini. Besonders wichtig ist in diesem Rahmen die Frage nach dem Gebrauch von Operatoren.

Frage oder Anweisung mittels Operator

Von grundlegender Bedeutung für die sprachliche Fixierung von Aufgaben ist die Unterscheidung von Anweisungen mit Operator und Fragen.
Anweisungen mit Operator enthalten ein Verb, das eine Tätigkeit vorgibt; Fragen hingegen zielen ‚nur' auf eine Antwort beziehungsweise auf ein Ergebnis. Grundsätzlich stehen beide Möglichkeiten zur Verfügung, wie das folgende Beispiel zeigt:

- **Aufgabe als Anweisung mit Operator:**
  „Diskutiert, ob ‚Rastlose Liebe' ein typisches Gedicht des Sturm und Drang ist."
- **Aufgabe in Frageform:**
  „Handelt es sich bei ‚Rastlose Liebe' um ein typisches Gedicht des Sturm und Drang?"

Anweisungen mit Nutzung von Operatoren gelten mancherorts als einzig angemessene Form. Als Vorteil von Operatoren wird angeführt, dass sie in klarer Weise angeben würden, welche Leistung zu erbringen ist, und dass sie die Schüler nicht in Versuchung führen, einfach mit „ja" oder „nein" zu antworten (statt etwa, wie im obigen Beispiel erwartet, eine Diskussion zu beginnen). In der Praxis ist diese Angst jedoch kaum begründet. Noch weniger angemessen ist die verbreitete Einschätzung, dass Aufgaben mit Operatoren im Gegensatz zu Aufgaben in Frageform weniger ‚herausfragend' seien und den Schülern größere Freiräume bieten würden. Denn die Offenheit beziehungsweise der Lenkungsgrad von Aufgaben haben nichts mit ihrer Formulierung zu tun.

Ein wichtiges Argument für den Gebrauch von Operatoren im Unterricht ist tatsächlich, dass sie in der Regel in Leistungssituationen und zumal in zentralen Prüfungen aus guten Gründen genutzt werden (Transparenz der Anforderungen) und die Schüler dementsprechend mit ihnen vertraut sein müssen. Als Vorteil von Fragen kann dagegen angeführt werden, dass sie ‚gesprächsnäher', natürlicher wirken. Denn außerhalb der Schule werden Gespräche in der Regel auch nicht durch Anweisungen wie „diskutiert" begonnen.

Als Grundsatz für die Nutzung von Operatoren oder Fragen in Lernsituationen kann gelten: Aufgaben, die einer grundlegenden Erarbeitung dienen, werden zumeist als Anweisung mit Operatoren formuliert, vor allem wenn die Schüler selbstständig in Einzel-/Partner- oder Gruppenarbeit arbeiten. Aufgaben, die der Auswertung oder Weiterführung von (grundlegenden) Erarbeitungen dienen und häufig im Unterrichtsgespräch bearbeitet werden, können in Frageform formuliert werden.

Ein ‚Kompromiss' kann die Verbindung von Frage und Operator sein, beispielsweise mit der Aufgabe: „Was könnte die Erzählungen über Welt und Menschen sagen? Äußert erste Vermutungen."

Operatoren im Überblick

Für den Deutschunterricht haben sich bestimmte Operatoren fest etabliert. In den einzelnen Bundesländern werden zudem Listen mit Operatoren veröffentlicht, die in schriftlichen Prüfungen und im Unterricht, nicht zuletzt als Vorbereitung für die schriftlichen Prüfungen, zu nutzen sind. Die entsprechenden Listen umfassen zumeist 15 bis 25 Operatoren. Bis vor einiger Zeit sind die Operatoren Anforderungsbereichen zugeordnet worden. In der deutschdidaktischen Diskussion wird dieses Vorgehen jedoch kritisch betrachtet, weil eine solche Zuordnung nur bedingt möglich ist und die Unterscheidung von Anforderungsbereichen auch grundsätzlich zunehmend kritisch gesehen wird.

Die folgende Liste mit einem „Grundstock von Operatoren" ist vom Institut für Qualitätsentwicklung im Bildungswesen veröffentlicht worden (vgl. IQB 2020):

analysieren	**in Beziehung setzen**
beschreiben	**interpretieren**
beurteilen	**sich auseinandersetzen mit**
charakterisieren	**überprüfen**
darstellen	**verfassen**
einordnen	**vergleichen**
erläutern	**zusammenfassen**
erörtern	

In den Listen der Bundesländer sind zudem die folgenden Operatoren gängig:
begründen, bewerten, entwerfen, erschließen, diskutieren, nennen, untersuchen.

Da Operatoren als Verben beziehungsweise verbale Phrasen verstanden werden können, die die Ausführung einer bestimmten Handlung im Rahmen von Unterricht anweisen, lassen sich für den Deutschunterricht jedoch weit mehr Operatoren bestimmen als in den offiziellen Listen vorhanden sind. In Lehrwerken etwa werden weitere Operatoren genutzt, wie zum Beispiel „überlegen"; sie entsprechen zwar nicht der Forderung, sichtbare Tätigkeiten einzufordern, funktionieren in der schulischen Praxis aber gleichwohl. Eine entsprechende Ausweitung ist für Aufgaben im Rahmen von Lernsituationen sinnvoll; nur in Leistungssituationen ist eine Beschränkung auf offizielle Operatoren angemessen.

Beispiele für die Nutzung von Operatoren in Aufgaben

„Illustrierende Aufgabenbeispiele" vom IQB zu dem „Grundstock von Operatoren" (vgl. IQB 2020):

- „Analysieren Sie den Text im Hinblick auf die Wirkung der sprachlichen Mittel."
- „Beschreiben Sie die äußere Situation des Protagonisten."
- „Beurteilen Sie auf der Grundlage der vorliegenden Texte die Entwicklungstendenzen der deutschen Gegenwartssprache."
- „Charakterisieren Sie den Protagonisten im vorliegenden Textauszug."
- „Stellen Sie die wesentlichen Elemente des vorliegenden Kommunikationsmodells dar."

5 Exkurs: Eine ‚Basis-Variante' der Unterrichtsgestaltung?

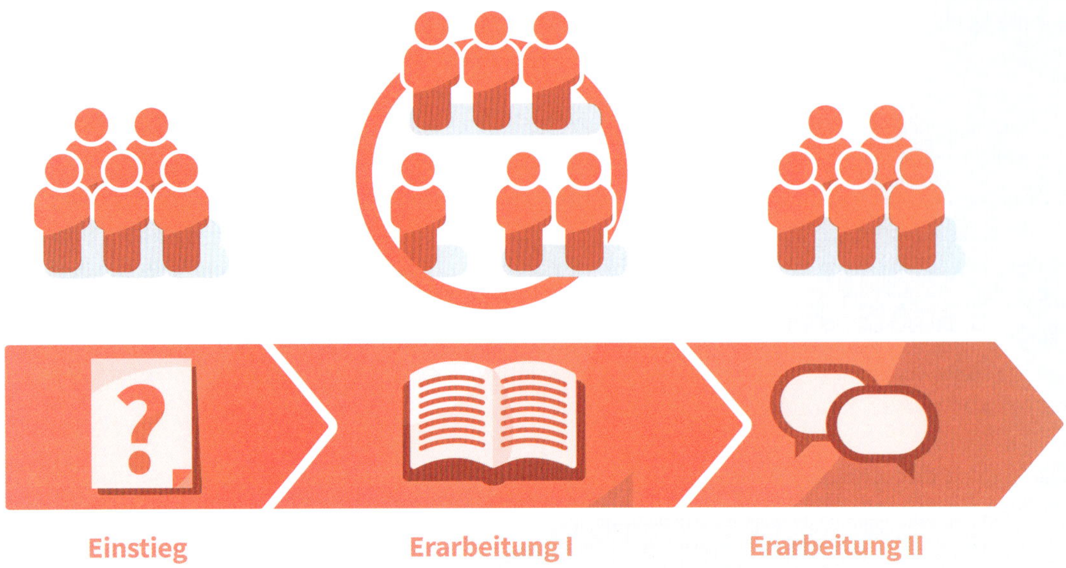

Eine ‚Basisvariante'?

Jede Unterrichtsstunde ist individuell gestaltet. Unter Berücksichtigung der Lernziele und der Lerngruppe sind je eigene Planungsentscheidungen zur Phasierung, zur Wahl von Methoden und Sozialformen sowie zur Konstruktion von Aufgaben und Überleitungen zu treffen.

Zugleich gibt es aber auch ‚Trampelpfade' für die Gestaltung von Unterricht: Wege, die ein bestimmtes Grundmuster aufweisen und häufig bei der Planung genutzt werden. Das folgende Schaubild stellt ein grundlegendes Schema für eine Einzelstunde dar.

Eine entsprechende Phasierung ist in der Regel leicht möglich, wenn – wie empfohlen – für eine Stunde circa drei Teilziele festgelegt worden sind und ergibt eine übersichtliche Strukturierung des Unterrichts; häufig legen schon die Teilziele (z. B. „Schüler untersuchen ...", „Schüler diskutieren ...") eine solche Strukturierung nahe. Die Phasen sind jeweils durch eine mündliche oder schriftliche Sicherung abzuschließen.

Einstieg

Schüler äußern unterschiedliche Vermutugen, Fragen etc.

Erarbeitung I

Wechsel der Sozialform; Schüler erarbeiten ein Teilziel (etwas Neues), anschließend Präsentation/Auswertung von Ergebnissen

Erarbeitung II/Vertiefung oder Anwendung

Wechsel von Methode und Sozialform; Schüler diskutieren, erörtern etc. die Ergebnisse der EA I oder wenden das neu erworbene Wissen an (Übung)

Für eine Doppelstunde mit circa fünf Teilzielen bietet sich in vielen Fällen eine Erweiterung des Schemas an, indem auf den Einstieg Erarbeitung I und Erarbeitung II sowie Vertiefung und/oder Anwendung folgen. In diesem Fall müssen Methoden und Sozialformen zwischen Erarbeitung I und II nicht unbedingt gewechselt werden.

Differenzierungen des ‚Basisvarianten-Schemas': Methoden, Sozialformen, Aufgaben, Überleitungen

- Eine **Einstiegsphase** ist ‚gesetzt'. Der Einstieg soll einer Entwicklung von Hypothesen oder Fragen und eventuell auch von Lösungswegen dienen; er kann allerdings auch abgekürzt ausfallen, beispielsweise indem Fragen wiederaufgenommen werden, die zu Beginn einer Unterrichtseinheit entwickelt worden sind. Sofern der Einstieg nicht in der genannten Weise verkürzt ist, spielt für ihn in der Regel das Unterrichtsgespräch im Plenum eine wichtige Rolle. Für die Entwicklung von Hypothesen oder Fragen bietet sich eine zumeist knappe Auseinandersetzung mit Texten, Textauszügen oder auch mit Bildern an. Eine nachsteuernde Lenkung des Lehrers kann notwendig sein. Die Sicherung kann schriftlich oder mündlich erfolgen, eventuell auch im Rahmen der Überleitung. Die Überleitung vom Einstieg zur Erarbeitung I stellt (zudem) heraus, welcher Klärungsbedarf nun noch besteht.

- **Erarbeitungsphase I:** Für die Erarbeitungsphase I wird zumeist eine bereichsspezifische Methode gewählt, die die Schüler selbstständig anwenden und mit der sie also weitgehend ohne direkte Hilfe des Lehrers etwas Neues erarbeiten können (z. B. die Textanalyse für die Erschließung eines literarischen Textes, das entdeckende Lernen mittels Textvergleich für das Erkennen einer Rechtschreibregel). Für die Realisierung dieser Methode ist in der Regel die Wahl einer bereichsübergreifenden Methode beziehungsweise Sozialform jenseits der Plenumsarbeit sinnvoll (v. a. Partner- oder Gruppenarbeit). Zugunsten des selbstständigen Vorgehens ist in die Aufgaben ein geeignetes Maß an Lenkung einzubeziehen (z. B. die Vorgabe von Kategorien für die Textanalyse oder von Aspekten für den Textvergleich). Für die Aufgabenformulierung bietet sich die Nutzung von Anweisungen mit Operatoren an. Die Auswertung erfolgt dann zumeist im Plenum und ermöglicht falls notwendig noch nachsteuernde Lenkungen des Lehrers. Die Sicherung besteht häufig in der Anfertigung eines Tafelbildes und kann auch schon während der Auswertung begonnnen werden. Die Überleitung von Erarbeitung I zu Erarbeitung II oder einer weiteren Phase motiviert das Weiterarbeiten am Unterrichtsgegenstand, falls möglich durch das Aufgreifen von Schüleräußerungen, die bereits auf eine Vertiefung oder Anwendung zielen, oder durch vorformulierte Überlegungen zur Unvollständigkeit des bislang Erarbeiteten.

- **Erarbeitungsphase II oder Vertiefung:** Für die Erarbeitungsphase II (z. B. für die Gesamtdeutung eines literarischen Textes) oder die Vertiefung (z. B. die Funktionsbestimmung grammatischer Strukturen) wird häufig die bereichsspezifische Methode gewechselt. Erarbeitung II (im Rahmen einer Einzelstunde) oder Vertiefung werden zumeist durch bereichsübergreifende Methoden beziehungsweise Sozialformen so realisiert, dass der Plenumsunterricht eine wichtige Rolle spielt, ohne dass andere Sozialformen gänzlich ausgeschlossen sind. Auf diese Weise sollen sich die Schüler in der Lerngruppe und falls nötig mit Hilfe des Lehrers austauschen können. Die Aufgaben sind hier nach Möglichkeit nur schwach lenkend, denn die Schüler sollen die – gegebenenfalls vom Lehrer unterstützte – Auseinandersetzung mit oder Weiterführung von ihren eigenen Ergebnissen der ersten Erarbeitungsphase möglichst frei beginnen. Für die Formulierung der Aufgaben bietet sich häufig die Nutzung von Fragen an.

- **Anwendung:** Für die Anwendung (z. B. das Üben von Rechtschreibung) wird ebenfalls häufig die bereichsspezifische Methode gewechselt. Zudem erfolgt in der Regel ein Wechsel der bereichsübergreifenden Methode oder Sozialform. Allerdings bleibt es in vielen Fällen bei einer Variante, die ein relativ selbstständiges Vorgehen der Schüler ermöglicht (z. B. Einzel- oder Partnerarbeit), bevor die Auswertung im Plenum erfolgt, falls nötig ergänzt durch nachsteuernde Lenkungen des Lehrers.

Phase / Aspekt	Einstieg	Erarbeitung I	Erarbeitung II/ Vertiefung oder Anwendung
Ziel	Entwicklung/ Wiederaufnahme von Fragen und Hypothesen	etwas Neues erarbeiten	das Neue vertiefen oder anwenden
Unterrichtsmaterial	knappe Auseinandersetzung mit Materialien: v. a. Texten/ Textauszügen und Bildern	Arbeit an Material	ggf. Auseinandersetzung mit (wenig umfangreichem) Material
Methode	bereichsspezifische Methode	bereichsspezifische Methode, mit der die Schüler etwas selbstständig erarbeiten können	Wechsel der bereichsspezifischen Methode (bei Vertiefung)
Bereichsübergreifende Methode/ Sozialform/ Organisationsform	Unterrichtsgespräch	Einzel-, Partner- oder Gruppenarbeit bzw. Varianten (z.B. Lerntempoduett)	bei Vertiefung Plenumsunterricht (ohne Ausschluss anderer Sozialformen) für Austausch in Lerngruppe; bei Anwendung Einzel-, Partner- oder Gruppenarbeit
Lenkung	ggf. Nachsteuerung bei Entwicklung von Hypothesen und Fragen	geeignetes Maß an Lenkung für selbstständige Erarbeitung	nach Möglichkeit nur schwache Lenkung
Operatoren	Nutzung von Fragen und Operatoren	v. a. Nutzung von Anweisungen mit Operatoren	(auch) Nutzung von Fragen bei Vertiefung; Anweisungen mit Operatoren bei Anwendung
Sicherung	schriftliche oder mündliche Sicherung, mündliche ggf. auch im Rahmen der Überleitung	mündliche oder schriftliche Sicherung	mündliche oder schriftliche Sicherung (bei Vertiefung)
Überleitung	Herausstellen des weiteren Klärungsbedarfs	Motivierung des vertiefenden Weiterarbeitens bzw. der Anwendung	

Übersicht „Basisvarianten-Schema“ mit den Phasen Einstieg, Erarbeitung I und Erarbeitung II

III. Schriftliche Unterrichtsentwürfe

1. Die schriftliche Planung von Unterrichtseinheiten

Die schriftliche Planung von Unterrichtseinheiten (im engeren Sinn) umfasst die Planung bis einschließlich der Grobplanung. Für Einheitsplanungen im weiteren Sinn können Planungen zu den (Doppel-)Stunden ergänzt werden (s. Vorgaben für die schriftlichen Stundenentwürfe KAPITEL III.2-5, Langfassungen, jedoch gekürzt um die in der Einheitsplanung schon berücksichtigten Aspekte).

Planungen für Einheiten können unterschiedlich differenziert beziehungsweise umfassend ausfallen. Die beiden Pole des Spektrums bilden die Kurzfassung und die Langfassung.

Variante 1: Die Kurzfassung

Die Kurzform ist eine Minimal-Variante für die schriftliche Planung von Unterrichtseinheiten; diese Form beschränkt sich auf Angaben zu Zielen (inkl. Themen/ Texten) und den Aufbau der Einheit und verzichtet auf Begründungen oder Erläuterungen.

Die Kurzform ist vor allem ein Werkzeug für die ‚gewöhnliche' Unterrichtsvorbereitung. Zudem kann sie auch in Praktika und im Referendariat als Grundlage von Diskussionen genutzt werden.

Für einen schriftlichen Entwurf einer Unterrichtseinheit in Kurzform (bis zur Ebene der Grobplanung) bietet sich der folgende Aufbau an:

Name: ...
Lerngruppe: ... (Schule, Klasse/Kurs)

Thema der Unterrichtseinheit: ...

1. Das Hauptziel einschließlich der Auswahl von Themen/Texten*

2. Die Teilziele der Einheit*

3. Die Grobplanung der Unterrichtseinheit (nur tabellarische Übersicht)

4. ggf. Literaturverzeichnis

*Nennung ohne Erläuterungen

Die Ausführungen können ‚stufenlos' präzisiert werden; insbesondere die folgenden Ergänzungen können sich anbieten:

- knappe Hinweise zu den Lernvoraussetzungen,
- knappe Erläuterungen zum Hauptziel (Begründung mit Berücksichtigung von curricularen Vorgaben),
- knappe Erläuterungen zu den Teilzielen (im Sinne der didaktischen Analyse: Herleitung der Teilziele durch einen Abgleich von Sachanalyse und Hauptziel sowie Lernvoraussetzungen),
- knappe Erläuterungen zur Grobplanung: Abfolge der Stunden, zentrale Methoden und Sozialformen.

Variante 2: Die Langfassung

Die schriftliche Langfassung umfasst alle Stufen der Planung von Unterrichtseinheiten: von der Bestimmung der Lernvoraussetzungen mindestens bis zur Grobplanung mit einer tabellarischen Verlaufsplanung.

Eine vollständige schriftliche Planung von Unterrichtseinheiten in Langfassung bietet sich insbesondere für die folgenden Fälle an:

- Blockpraktika und Praxissemester,
- Abschlussarbeiten in Studium und Referendariat,
- Forschungsprojekte.

Falls eine schriftliche Planung im Rahmen von Abschluss- beziehungsweise Forschungsarbeiten vorgenommen wird, gehen ihr in der Regel eine Fragestellung und eine theoretische Grundlegung voraus. Eine Auswertung der Durchführung kann folgen. Für Praktika gilt, dass auf die Planung ein Bericht der Durchführung und eine Reflexion erfolgen. Zum Umfang der genannten Planungen gibt es keine allgemeinen Angaben. Die Vorgaben für Abschlussarbeiten im Masterstudium (ca. 50 Seiten) können als Obergrenze gelten.

Für eine Planung von Einheiten für den täglichen Unterricht ist es dagegen in der Regel nicht erforderlich, alle Aspekte des Langfassungs-Entwurfs (vollständig) schriftlich auszuarbeiten. Eine Verschriftlichung von Lernvoraussetzungen ist zumeist nicht notwendig. Ebenso kann auf die schriftliche Begründung für das Hauptziel und die Auswahl von Themen und Texten häufig verzichtet werden. Die didaktische Analyse kann auf die Ausformulierung der Ziele beschränkt werden, die Grobplanung auf die tabellarische Übersicht. Eine entsprechende Planung ist dann bereits auf dem Weg zur Kurzfassung (vgl. S. 64).

Für einen vollständigen schriftlichen Entwurf einer Unterrichtseinheit in Langform (bis zur Ebene der Grobplanung) bietet sich der folgende Aufbau an:

Name: ...
Lerngruppe: ... (Schule, Klasse/Kurs)

Thema der Unterrichtseinheit: ...

1. Die Lernvoraussetzungen

2. Das Hauptziel einschließlich der Auswahl von Themen/Texten

3. Die Sachanalyse
3.1. Grobanalyse
3.2. Feinanalyse (ggf. in Stundenplanung)

4. Die didaktische Analyse: Die Entwicklung von Zielen
4.1. Entwicklung von Zielen (inkl. didaktischer Reduktion)
4.2. Bestimmung von Teilzielen der Unterrichtseinheit

5. Die Grobplanung der Unterrichtseinheit
5.1. Tabellarische Übersicht
5.2. Ggf. Erläuterungen zur Phasierung und zu Methoden, Sozialformen, Kernstellen und Materialien

6. Literaturverzeichnis

2. Die schriftliche Planung von Einzel-/Doppelstunden: Die Kurzform

Ebenso wie für die schriftliche Planung von Unterrichtseinheiten gibt es für die Planung von Einzel-/Doppelstunden Entwürfe in Kurzform und in Langform.

Schriftliche Entwürfe von (Doppel-)Stunden in Kurzform sind auf die knappe Darlegung einzelner Planungsstufen beschränkt. Es werden nur die Haupt- und Teilziele sowie der Verlauf des Unterrichts (in einer tabellarischen Übersicht) angegeben, ergänzt um Angaben zu Hausaufgaben.

Solche Kurzformen dienen als Werkzeuge für den täglichen Unterricht. Die Verschriftlichung von Zielen und Lernweg dient der Fixierung (und dabei zugleich auch immer der Prüfung) der eigenen zentralen Entscheidungen für den Unterricht. Die Kurzfassung ist zugleich eine Hilfe für die Durchführung des Unterrichts. Zudem kann sie geeignet sein, die eigene Planung anderen gegenüber zu dokumentieren.

Innerhalb der Kurzform gibt es Spielräume sowohl für die Angaben zu den Zielen als auch für die zur Unterrichtsgestaltung. Die Ziele können ausformuliert sein, sie können aber auch in Form von Notizen dargelegt werden. Ähnlich können die Ausführungen zum Verlauf des Unterrichts detailliert ausfallen (und sind dann identisch mit einer tabellarischen Übersicht in der Langfassung, vgl. u.); sie können aber auch auf wenige Notizen zu den zentralen Aufgaben reduziert werden.

Für den alltäglichen Unterricht dürfte gelten, dass die Stundenentwürfe in der Regel nicht mehr als eine Seite umfassen.

Für einen schriftlichen Entwurf einer (Doppel-)Stunde in Kurzform bietet sich der folgende Aufbau an:

Name: ...
Lerngruppe: ... (Schule, Klasse/Kurs)
Ort und Zeit: ...

Thema der Unterrichtsstunde

1. Ziele des Unterrichts
   - Hauptziel
   - Teilziele

2. Tabellarischer Verlaufsplan
   - Zeit
   - zentrale Aufgaben
   - Sozialformen und Medien

3. ggf. Anhang (Materialien, Tafelbilder)

Hausaufgaben zur Stunde/zur folgenden Stunde

3. Beispiel für einen Unterrichtsentwurf für Einzel-/Doppelstunden in Kurzform

Das folgende Beispiel für eine Unterrichtsentwurf in Kurzform nutzt eine vergleichsweise ausführliche Variante dieses Typs: Die Lernziele sind ausformuliert; der tabellarische Verlaufsplan bietet deutlich mehr Informationen als nur die zentralen Aufgaben.

Thema der Stunde: Das Schreiben von Interpretationsaufsätzen

1. Ziele des Unterrichts (Hauptziel und Teilziele):

Die Schüler können Wissen zum Schreiben von Interpretationsaufsätzen darstellen, reflektieren und exemplarisch anwenden, indem sie einen Teil eines Interpretationsaufsatzes zu „Ein netter Kerl" verfassen. Die Schüler können im Einzelnen

- zentrale Prinzipien für das Schreiben von Interpretationsaufsätzen (sprachliche Korrektheit, sachlicher Stil, Nutzung von Fachbegriffen, Stringenz der Argumentation auch durch sprachliche/formale Mittel) nennen und erläutern (**zentrales TZ 1**);
- wiederholend die Notwendigkeit erläutern, Aussagen über literarische Texte zu belegen, sowie zwei Varianten von Belegen (direkte Zitate, Verweise auf Textstellen) darstellen (**zentrales TZ 2**);
- Formulierungsvarianten für Einleitungen unter Einschluss von Angaben zu Titel, Autor und Entstehungsjahr nennen und reflektieren (**TZ 3**);
- metakognitives Wissen über den Schreibprozess (Schreiben auch als Vertiefung und Korrektur von Ergebnissen) darstellen (**TZ 4**);
- unter Anwendung ihres Wissens über Schreibprinzipien inkl. Textbelege einen Teil eines Interpretationsaufsatzes zu „Ein netter Kerl" (Teil eines Hauptteils) verfassen (**zentrales TZ 5**).

Hausaufgaben: keine Hausaufgaben zur Stunde und zur folgenden Stunde

2. Tabellarischer Verlaufsplan

Zeit	Phase	Ziele und Aufgaben	Sozialform	Medien
8.00-8.05	Einstieg	**Hypothesenbildung** ▸ Präsentation Schreibplan 2 zu „Ein netter Kerl" ▸ **„Stellt euch vor, der Schüler, der diesen Schreibplan erstellt hat, möchte nun einen Aufsatz zu ‚Ein netter Kerl' schreiben. Stellt Vermutungen an: Was muss er leisten?"** ▸ ggf. Nachsteuerungen: „Was könnte ihm schwerfallen?, „Welche Grundsätze für das Schreiben von Interpretationsaufsätzen gibt es vermutlich?", „Berücksichtigt auch die einzelnen Teile von Interpretationsaufsätzen." ▸ Ergebnissicherung (mündl.) ▸ „Heute sollt ihr Prinzipien für das Schreiben von Interpretationsaufsätzen entdecken und anwenden."	UG L-Info	Folie Schreibplan 2

8.05 – 8.20	Erarbeitung I	**Schreiben von Einleitungen (TZ 3)** ▸ Überleitung: „Zunächst wollen wir unsere Überlegungen zu Prinzipien für das Schreiben von Interpretationsaufsätzen präzisieren. Wir starten mit dem Teil Einleitung." ▸ Präsentation von zwei Einleitungen von Aufsätzen zu „Ein netter Kerl" ▸ **„Vergleicht die beiden Einleitungen hinsichtlich ihrer Formulierungen: Was erscheint euch gelungen, was nicht?"** ▸ **„Findet ihr Formulierungen, die ihr auch für andere Einleitungen nutzen könnt? Prüft die Einleitungen und begründet eure Entscheidungen."** ▸ Ergebnissicherung (schriftl.)	UG	Folie/ AB Einleitungen TB
8.20 – 8.45	Erarbeitung II	**Prinzipien für Schreiben inkl. Textbelege (TZ 1 und 2)** ▸ Überleitung: „Wir kommen jetzt zum Schreiben der weiteren Teile eines Interpretationsaufsatzes. Zwei Schüler haben auf der Grundlage des zweiten Schreibplanes der letzten Stunde je einen Text verfasst; aus diesen Texten habe ich Auszüge mitgebracht." ▸ Präsentation der beiden Auszüge ▸ **„(1) Vergleicht die beiden Texte und listet Unterschiede auf. (2) Diskutiert anschließend: Welche Grundsätze für ein angemessenes Schreiben lassen sich anhand der Unterschiede erkennen? Macht euch Notizen. Arbeitet in Zweiergruppen."** ▸ Auswertung mit Systematisierung von Schreibprinzipien ▸ ggf. Nachsteuerung durch Vorgabe einzelner Kriterien ▸ Ergebnissicherung (schriftl.)	PA UG	Folie/ AB-Hauptteile TB
8.45 – 9.15	Anwendung	**Anwendung: Schreiben (TZ 5)** ▸ Überleitung: „Die von uns untersuchten Hauptteile waren unvollständig: Es fehlt u. a. ein Teil, die sich mit Besonderheiten der Darstellung befasst. Diese Lücke sollt ihr jetzt schließen." ▸ **„Schreibt den Teil eines Interpretationsaufsatzes zu ‚Ein netter Kerl' zu Besonderheiten der Darstellung, die für diese Erzählung wichtig sind. Nutzt dafür eure Aufzeichnungen zur Texterschließung aus der vorigen Doppelstunde. Berücksichtigt die von uns erarbeiteten Prinzipien des Schreibens. Arbeitet einzeln. Verwendet ein DIN A4-Blatt: Schreibt nur auf der linken Hälfte. Die andere Hälfte benötigen wir in der nächsten Stunde."** ▸ Auswertung	EA UG	Folie Aufgabe Notizhefter

9.15 – 9.30	Vertiefung	**Metakognitives Wissen (TZ 4)** ▸ Überleitung: „Ihr habt nun einen Teil eines Aufsatzes selbst geschrieben. Abschließend wollen wir über eure Erfahrungen beim Schreiben sprechen." ▸ **„Inwiefern ist es eigentlich sinnvoll, aus Schreibplänen Interpretationsaufsätze zu entwickeln? Diskutiert."** ▸ ggf. Nachsteuerung: „Habt ihr durch das Schreiben euer Textverstehen vertieft, präzisiert oder genauer als zuvor ‚auf den Punkt' gebracht?" ▸ Ergebnissicherung (mündl.)	UG	Notizhefter

UG = Unterrichtsgespräch; EA = Einzelarbeit; PA = Partnerarbeit; TB = Tafelbild; AB = Arbeitsblatt

Anhang:
- Arbeitsblatt mit zwei Einleitungen
- Arbeitsblatt mit zwei Hauptteilen von Interpretationsaufsätzen (in Auszügen)
- Tafelbild

(vgl. „Deutschunterricht planen: Zwei Einheiten zu Kurzprosa", S. 107ff.)

4. Die schriftliche Planung von Einzel-/Doppelstunden: Die Langfassung

Schriftliche Entwürfe für die Planung von (Doppel-)Stunden in Langfassung werden zu Übungszwecken (Einübung der systematischen Unterrichtsplanung) und im Rahmen von Prüfungen genutzt. Diese Entwürfe sollen eine systematische Unterrichtsplanung dokumentieren beziehungsweise bei einer solchen Planung behilflich sein. Für den Aufbau eines entsprechenden Entwurfes gibt es unterschiedliche Konventionen. Auch zum Umfang finden sich sehr unterschiedliche Vorgaben; fünf bis zehn Seiten dürften üblich sein. Der folgende Vorschlag für einen schriftlichen Entwurf einer (Doppel-)Stunde in Kurzform ist mit der oben erläuterten Systematik der Unterrichtsplanung kompatibel und kann zugleich relativ unproblematisch abgewandelt werden.

Name: ...
Lerngruppe: ... (Schule, Klasse/Kurs)
Ort und Zeit: ...

Thema der Unterrichtsstunde

1. Die Lernvoraussetzungen
2. Angaben zur Unterrichtseinheit)
3. Das Hauptziel (inkl. Themen-/Textauswahl)
4. Die Sachanalyse
5. Die didaktische Analyse
5.1. Entwicklung von Zielen (inkl. didaktischer Reduktion)
5.2. Haupt- und Teilziele der (Doppel-) Stunde
6. Die Gestaltung des Unterrichts
6.1. Tabellarischer Verlaufsplan
6.2. Erläuterungen zur Gestaltung des Unterrichts (Phasierung, Methoden, Aufgaben)
7. Anhang (Materialien, Tafelbilder)
8. Literaturverzeichnis

Zu den einzelnen Elementen:

1. Die Lernvoraussetzungen

Die Lernvoraussetzungen für den Unterricht werden knapp umrissen (mit Fokus auf die für die Stunde relevanten Aspekte, bes. auf entsprechende Kenntnisse/Fähigkeiten und Leistungsvermögen der Schüler); im Anschluss werden Schlussfolgerungen für den Unterricht gezogen.

2. Angaben zur Unterrichtseinheit

Es erfolgt eine Verortung der Stunde in der betreffenden Unterrichtseinheit: Die Stellung der (Doppel-)Stunde innerhalb der Unterrichtseinheit wird genannt („Stunde x“) und das Hauptziel der Unterrichtseinheit wird angegeben. Zusätzlich erfolgt eine knappe (tabellarische) Übersicht über die Unterrichtseinheit (oder zumindest Angaben zur vorangegangenen und zur folgenden Stunde).

3. Das Hauptziel der Stunde (inkl. Thema)

Das Hauptziel der (Doppel-)Stunde einschließlich des gewählten Themas beziehungsweise Textes wird genannt und erläutert.
Das Hauptziel der Stunde wurde schon im Rahmen der Planung der Einheit gewonnen, und zwar unter Nutzung des Hauptziels der Einheit. Deshalb wird zunächst geprüft, auf welche Teile des Hauptziels der Einheit sich das Hauptziel der Stunde bezieht. Die Standards (oder Ziele aus Zielmodellen) sowie gegebenenfalls Begründungen von Themen beziehungsweise Texten, die für diese Teile relevant sind, werden angegeben.
Zudem können für ein Hauptziel einer Stunde auch Teilthemen beziehungsweise Texte maßgeblich sein, die in der Planung der Einheit als Ergänzung zu ihrem Hauptziel ausgewählt wurden. Falls diese Teilthemen beziehungsweise Texte nicht curricular vorgegeben sind, ist eine Begründung ihrer Wahl ebenfalls anzuführen. Texte, die als bloße ‚Hilfsmittel' dienen, werden dagegen in den Erläuterungen zur Gestaltung der Stunde berücksichtigt.
Im Fall einer Stunde zu einer Ganzschrift oder einem Spielfilm werden darüber hinaus Kernstellen für den Unterricht begründet ausgewählt.

4. Die Sachanalyse

Die Sachanalyse des Themas für die Stunde (und ggf. der zu fördernden Kompetenzen) erfolgt mit Blick auf das Hauptziel der Stunde.

5. Die didaktische Analyse mit Formulierung von Teilzielen

5.1 Entwicklung von Zielen inklusive didaktischer Reduktion

Die Ergebnisse der Sachanalyse werden unter Abgleich mit den Lernvoraussetzungen und dem Hauptziel der (Doppel-)Stunde unter der Frage erörtert, ob sie für den Unterricht zu berücksichtigen sind.

5.2 Formulierung von Teilzielen

Auf der Grundlage der vorangegangenen Erörterung werden die Teilziele formuliert. Zur besseren Übersichtlichkeit wird das Hauptziel einleitend (noch einmal) genannt.

6. Die Gestaltung des Unterrichts

Es werden zentrale Entscheidungen für die Gestaltung des Lernwegs dokumentiert und erläutert; Möglichkeiten der Abweichung vom geplanten Lernweg werden berücksichtigt.

6.1 Tabellarischer Verlaufsplan

Der geplante Unterrichtsverlauf wird in einer tabellarischen Übersicht dargeboten; diese Übersicht ist knapp und übersichtlich zu halten. Tabellen der folgenden Art sind gängig:

Zeit	Phase	Ziele, zentrale Aufgaben/Impulse, Überleitungen	Methoden/ Sozialformen	Medien
...				
...				
...				

Variante

Der oben skizzierte Typ einer tabellarischen Übersicht kann durch die Hinzufügung der Spalte „erwartetes Schülerverhalten" ergänzt werden. Der Vorteil dieses Vorgehens: Das explizite ‚Durchspielen' des Schülerverhaltens kann bei der Durchführung des Unterrichts hilfreich sein, insbesondere falls Schwierigkeiten zu erwarten sind. Der Nachteil: Die Übersichtlichkeit der Tabelle wird beeinträchtigt.

Hinweise zu den Kategorien in der tabellarischen Übersicht:

- **Zeit:** Angaben zur Dauer einzelner Phasen; dazu Orientierung an der Uhrzeit (also „9.50 Uhr" etc. statt „10. Minute").
- **Phase:** Die einzelnen Phasen werden angegeben, gegebenenfalls zudem Teilphasen.
- **Ziele sowie zentrale Aufgaben, Impulse und Überleitungen:** Die zentrale Spalte dient der Planung der konkreten Unterrichtsschritte; im Mittelpunkt stehen die zentralen Aufgaben (wörtlich vorzubereiten, ggf. mit Möglichkeiten für nachsteuernde Impulse). Ergänzt werden sie durch Überleitungen und Impulse. Zudem werden in den einzelnen Phasen eingangs die Teilziele genannt, die mit den jeweiligen Phasen erreicht werden sollen.
- **Methoden und Sozialformen:** Eventuell Angaben zu bereichsspezifischen Methoden (sofern sie nicht klar aus der Aufgabenformulierung hervorgehen) und in jedem Fall zu bereichsübergreifenden Methoden beziehungsweise Sozialformen (Plenum, Einzelarbeit, Partnerarbeit, Gruppenarbeit).
- **Medien:** medialer Textträger (Buch, Kopie) und technische Hilfsmittel (Tafel, Overheadprojektor, Whiteboard ...).

Die Angaben in der Tabelle sind durch Angaben über Hausaufgaben (Hausaufgaben zur Stunde und für die nächste Stunde) zu ergänzen.

6.2 Erläuterungen zur Gestaltung des Unterrichts

Die Erläuterungen umfassen Angaben und Begründungen zur Phasierung des Unterrichts, zu den gewählten Methoden und Sozialformen sowie zu den (zentralen) Aufgaben (ggf. auch zu nachsteuernden Impulsen) sowie Angaben zu den Überleitungen.
Die Erläuterungen werden auch zu einer Darstellung des erwarteten Schülerverhaltens genutzt, sofern Schwierigkeiten voraussehbar sind. Der geplante ‚Normalfall' (Aufgaben sind dem Leistungsvermögen der Schüler angepasst, die Schüler können die erwarteten Leistungen erbringen) muss nicht näher erläutert werden.
Zudem werden Varianten des geplanten Lernwegs (Methoden, Phasierung, Aufgaben) angegeben, die sich im Verlauf des Unterrichts als sinnvoll erweisen könnten (insbesondere ‚Notausstieg' und didaktische Reserve). Darüber hinaus ist eine Diskussion von Planungsvarianten möglich.

5. Beispiel für einen Unterrichtsentwurf für Einzel-/Doppelstunden in Langfassung

Titelseite:

Name: ...
Lerngruppe: ... (Schule, Klasse/ Kurs)
Ort und Zeit: ...

Thema der Unterrichtsstunde:
Erschließung von „Ein netter Kerl" von Gabriele Wohmann

1. Die Lernvoraussetzungen

1) **Institutionelle Bedingungen:** Unterricht erfolgt durchgängig in Doppelstunden; räumliche und mediale Bedingungen: Klassenraum (Sitzordnung U-Form/‚Hufeisen') mit Tafel (keine digitale Technik installiert).

2) **Soziokulturelle und pädagogische Voraussetzungen:** Die Lerngruppe umfasst 25 Schüler (davon weiblich/männlich 14/11); die Klasse ist häufig wenig diskussionsfreudig (Impulse erforderlich). Es gibt keine Schüler mit diagnostiziertem Förderbedarf.

3) **Leistungsstärke der Lerngruppe im Umgang mit literarischen Texten:**

- Die Klasse weist ein mittleres (Gymnasial-)Niveau auf; die Heterogenität der Lerngruppe ist eher gering.
- Zu den Kenntnissen und Fähigkeiten im Bereich „Verstehen literarischer Texte":
- Die Schüler verfügen über grundlegende Kenntnisse und Fähigkeiten der Anwendung von Analysekategorien für erzählende Texte (zentrale Kategorien der Handlungs- und Figurenanalyse und der Darstellungsanalyse: Erzählperspektive, Außen- und Innensicht, Zeitgestaltung, Erzähler, Rede- und Gedankenwiedergabe).
- Die Schüler verfügen über Fähigkeiten zur Hypothesenbildung sowie zur Deutung von klärungsbedürftigen Textelementen und zur Gesamtdeutung von Texten mittlerer Komplexität; zudem können sie (nicht allzu ‚fremde') Texte in ergiebiger Weise auf die Wirklichkeit beziehen und moralische Wertungen von Figuren vornehmen.
- Sie kennen Gattungsmerkmale der Kurzgeschichte und können diese anwenden.
- Fähigkeiten im Bereich „Schreiben": Sie können Formen des gestaltenden Schreibens zur Füllung von ‚Leerstellen" (= Deutung einzelner Textelemente) nutzen (vgl. u. Methoden).
- Zum Interesse an literarischen Texten: Die Bereitschaft zur und das Interesse an der Auseinandersetzung mit (nicht allzu) ‚fremden' Texten beziehungsweise Texten mit (nicht allzu) ‚fremden' Bildern der Welt ist zumeist vorhanden (falls ergiebiger Wirklichkeitsbezug möglich).

4) **Erfahrungen mit Methoden und Sozialformen:**

- **Methoden:** Die Schüler verfügen außer über Erfahrungen mit der Textanalyse über Erfahrungen mit einem strategieorientierten Vorgehen zur Hypothesenbildung und zur Handlungs- und Figurenanalyse; zudem mit dem gestaltenden Schreiben als Methode der Texterschließung.
- **Sozialformen:** In der Lerngruppe ist Partnerarbeit ergiebiger als Gruppenarbeit (weil bei der Gruppenarbeit ein Teil der Schüler häufig nicht mitarbeitet).

2. Angaben zur Unterrichtseinheit

Die Doppelstunde ist die vierte Doppelstunde in einer Einheit mit acht Doppelstunden.

Das Hauptziel der Unterrichtseinheit lautet:
Die Schüler erschließen ausgewählte Kurzprosatexte (aus der Zeit von 1945 bis zur Gegenwart) hinsichtlich der literarischen Gestaltung von Liebesbeziehungen im zeitlichen Wandel und vertiefen dabei ihre Fähigkeiten des literarischen Textverstehens auch mit Hilfe von neu eingeführtem Epochenwissen.

Tabellarische Übersicht über die Einheit:

(Doppel-) Std.	Phase	Ziele (in Kurzform)
1	Einstieg	Hypothesenbildung zur Einheit
2	Erarbeitung I	Texterschließung „Das Brot" Erwerb Epochenwissen Nachkriegsliteratur und Anwendung Vertiefung Kompetenzen Textverstehen
3	Erarbeitung II	Texterschließung „Apfel auf silberner Schale" Erwerb Epochenwissen Literatur 60er/70er Jahre und Anwendung Vertiefung Kompetenzen Textverstehen
4	Erarbeitung III	Texterschließung „Ein netter Kerl" Anwendung Epochenwissen Vertiefung Kompetenzen Textverstehen
5	Erarbeitung IV	Texterschließung „Frau auf der Bettkante" Erwerb Epochenwissen Literatur ab den 80er Jahren und Anwendung Vertiefung Kompetenzen Textverstehen
6	Erarbeitung V	Texterschließung „Friedrich Nietzsche" Anwendung Epochenwissen Vertiefung Kompetenzen Textverstehen
7	Vertiefung	Erwerb und Anwendung Epochenwissen Moderne
8	Klassenarbeit	

3. Das Hauptziel der Doppelstunde

Das Hauptziel der Doppelstunde lautet:

Die Schüler können „Ein netter Kerl“ erschließen (Fokus auf Komplikation Rita/Mangel an Respekt Familie gegenüber Partner, die unzureichende Kommunikation und die nur teilweise positive Auflösung; Berücksichtigung der Beschränkung auf Außensicht); Epochenwissen zur Literatur der sechziger und siebziger Jahre auf den Text anwenden und ihre Kompetenzen des Textverstehens vertiefen.

Zur Erläuterung des Hauptziels

Das Hauptziel der Doppelstunde bezieht sich auf die folgenden Teile des Hauptziels der Einheit:

1) Erschließung ausgewählter Kurzprosatexte (von 1945 bis zur Gegenwart) hinsichtlich der literarischen Gestaltung von Liebesbeziehungen
2) Nutzung von Epochenwissen für das Textverstehen
3) Vertiefung der Textverstehenskompetenz

Damit werden die folgenden Standards (bzw. Ziele aus Zielmodellen) genutzt:

1) Zwei Aspekte sind zu unterscheiden:
- Zentrales Ziel Texterschließung: vgl. zentrale fachdidaktische Zielmodelle, Bildungsstandards Deutsch für den Mittleren Schulabschluss, Kompetenzbereich „Mit Texten und Medien umgehen – Literarische Texte erschließen“ im Lehrplan Deutsch für das Land Brandenburg JAHRGANGSSTUFE 1 – 10.
- Thematische Präzisierungen Kurzprosa, Moderne bzw. Zeit ab 1945 und Liebesbeziehungen: Orientierung am vermuteten Interesse der Schüler.

2) Brandenburger Lehrplan für das Ende der Sekundarstufe I: „wesentliche Elemente eines Textes unter Berücksichtigung von historischen und kulturellen Kontexten erfassen (z. B. Figuren, Raum- und Zeitdarstellung, Konfliktverlauf)“ sowie „ein Textverständnis unter Berücksichtigung historischer und kultureller Kontexte entwickeln“ (NIVEAUSTUFE H: JAHRGANGSSTUFE 10).

3) Brandenburger Lehrplan für die Jahrgangsstufen gegen oder am Ende der Sekundarstufe I: „Handlungsabläufe und Konfliktentwicklungen darstellen“ (NIVEAUSTUFEN F/G) und „Entwicklungen von Figuren beschreiben“ (F/G) (vgl. auch die Standards: „Figurenkonstellation darstellen“ (E), „sich über unterschiedliche Deutungsmöglichkeiten verständigen“ (F/G) und „eine Position zu Deutungsangeboten literarischer Texte entwickeln“ [= Wirklichkeitsbezug] (H). [NIVEAUSTUFEN E bis H = JAHRGANGSSTUFE 7 – 10 des Gymnasiums].

Zudem konkretisiert das Hauptziel der Stunde die genannten Teile des Hauptziels der Einheit thematisch durch die Erzählung „Ein netter Kerl“ in Verbindung mit der Teilepoche „Literatur der sechziger und siebziger Jahre“. Die entsprechende Auswahl (sie erfolgte in der Planung der Einheit/ihres Hauptziels) kann folgendermaßen begründet werden:
„Ein netter Kerl“ ist von Gabriele Wohmann und damit von einer ‚schulklassischen‘ Autorin verfasst. Die Erzählung behandelt in nicht-trivialer Weise Beziehungsschwierigkeiten und erlaubt auch heute noch einen ergiebigen Wirklichkeitsbezug, denn es geht um das Problem, dass Menschen aufgrund von äußerlichen Normen missachtet werden, und um Lösungsmöglichkeiten dieses Problems.
Zudem ist die Erschließung dieses Textes für die Schüler angemessen, aber nicht zu schwierig. Die Handlung weist eine gut zu rekonstruierende Komplikationsstruktur auf und Figureneigenschaften spielen eine wichtige Rolle; außerdem bietet sich ein zentrales Darstellungsverfahren (Beschränkung auf Außensicht) für eine ergiebige Erschließung an und das Deutungsspektrum weist einen gewissen, aber keinen allzu großen Spielraum auf. „Ein netter Kerl“ von Gabriele Wohmann lässt sich der Teilepoche sechziger und siebziger Jahre der ‚Makroepoche‘ Moderne zuordnen, allerdings

in weniger klarer Weise als „Apfel auf silberner Schale“ (Erzählung aus der vorangegangenen Doppelstunde). Die entsprechende Auswahl von Text und Epoche ist sinnvoll, weil die Schüler Epochenzuordnungen reflektiert und gegebenenfalls auch mit Einschränkungen vornehmen sollen.

4. Die Sachanalyse

Erschließung von „Ein netter Kerl“ einschließlich Kontextualisierung

1. Erkennen von zentralen Textelementen (ggf. inkl. deutender Ergänzung):

a. Handlung und Figuren:

- Die Hauptfigur der Erzählung ist Rita. Ihr Gut ist der – von der Familie verweigerte – zumindest äußerliche Respekt ihrer Familie gegenüber dem Mann, mit dem sie sich ohne Kenntnis der Familie verlobt hat, genauer: der Respekt vor diesem Mann auch in seiner Abwesenheit. Darüber hinaus ist Rita wohl auch eine Achtung seiner menschlichen Qualitäten wichtig.
- **Die Faktoren** für ihre Komplikation sind Figureneigenschaften der Familienmitglieder, Oberflächlichkeit und Bosheit, in Verbindung mit der Fettleibigkeit des Verlobten. Andere Menschen werden von Vater, Mutter und der Schwester Nanni nach Normen des Äußerlichen abgeurteilt und in Abwesenheit verspottet. Nur die Schwester Milene hat eine etwas andere Haltung, die sie aber nicht konsequent verfolgt. Die Bosheit könnte mit dem Versuch zu erklären sein, sich selbst aufzuwerten beziehungsweise das Gruppengefühl zu stärken.
- **Ritas Komplikation** wird teils-teils aufgelöst. Rita kann ihre Familie zu einem äußerlich respektvollen Verhalten bewegen, aber wohl nicht zu einer echten Wertschätzung ihres Verlobten. Die Faktoren für diese gemischte Auflösung ergeben sich durch Ritas Verhalten angesichts der abwertenden Reden. Zunächst versucht sie erfolglos, durch einen indirekten Hinweis auf die menschlichen Qualitäten ihres Verlobten die Bosheiten ihrer Familie zu unterbinden. Dann verkündet sie die Verlobung und ‚spiegelt‘ den Familienmitgliedern ihr gehässiges Verhalten. Dazu gehören die Eigenschaften Solidarität und Mut. Allerdings initiiert Rita keine offene Aussprache.

b. Darstellung:

- Erzählperspektive und Innen- oder Außensicht: Die Erzählung ist auf die Außensicht beschränkt. Allerdings gibt es an einer Stelle statt ‚objektiver‘ Außensicht die subjektive Sicht Ritas („Das Lachen schwoll an, türmte sich vor ihr auf, wartete und stürzte sich dann herab [...] “). Die Erzählperspektive kann deshalb als eine personale gelten, auch wenn eine Beschränkung auf die Sicht einer Figur ansonsten nicht eindeutig festzustellen ist.
- Rede- und Gedankenwiedergabe: Die Erzählung nutzt im hohen Maße wörtliche Rede.
- Zeitgestaltung: Die Erzählung wird annähernd zeitdeckend erzählt.
- Ergänzend ist hinzuzufügen, dass die Erzählung einen unmittelbaren Beginn aufweist und auf Erzählerkommentare verzichtet.
- Zu den Funktionen der genannten Merkmale: Die Erzählung ähnelt einer dramatischen Szene und verlangt vom Leser für einige Handlungselemente ein recht hohes Maß an Rekonstruktion. Auch die Gedanken und Gefühle Ritas sind vom Leser zu ergänzen. Zugleich wird durch die Art des Erzählens ein kleiner bedeutsamer Ausschnitt zeitgenössischer Wirklichkeit dargestellt.
- Zur sprachlichen Gestaltung: Zur ‚Spiegelung‘ der familiären Gemeinheiten nutzt Rita Ironie.

2. Möglichkeiten der Gesamtdeutung
Folgende Möglichkeiten der Gesamtdeutung bieten sich auf der Grundlage der zentralen Textelemente an:

- Es gibt Menschen, deren Oberflächlichkeit und Bosheit ihnen den Blick auf menschliche Qualitäten verstellt. Sie beurteilen andere danach, ob sie Normen des Äußerlichen entsprechen. Wenn das nicht der Fall ist, haben sie Spaß daran, über diese Menschen in Abwesenheit abwertend zu sprechen – vermutlich auch, um sich selbst aufzuwerten.
- Es ist durch ein entschiedenes, mutiges Auftreten möglich, diesen Menschen zumindest ein äußerlich anständiges Verhalten abzunötigen.
- Oder: durch ein entschiedenes, mutiges Auftreten kann ihnen höchstens ein äußerlich anständiges Verhalten abgenötigt werden.

3. Einordnung in eine Gattung
Die Erzählung kann als typische Kurzgeschichte gelten (Darstellung eines kleinen Ausschnitts von Wirklichkeit durch Zeitgestaltung, unmittelbarer Beginn und Verzicht auf Erzählerkommentare); allerdings ist die Erzählung nur in mäßiger Weise vieldeutig.

4. Literaturgeschichtliche Einordnung
Die Erzählung gehört der Moderne an, obwohl die Hauptfigur Mut zu einer Problemlösung zeigt, denn sie kann letztlich nicht in eine zufriedenstellende Interaktion mit ihrer Familie treten und ihr Problem auch nur teilweise positiv lösen. Zudem ist die Erzählung zumindest in mäßiger Weise vieldeutig. Darüber hinaus kann sie insofern als typisch für die Literatur der sechziger und siebziger Jahre gelten, als hier negativ wirkende soziale Strukturen dargestellt werden. Allerdings muss die literaturgeschichtliche Einordnung mit einer gewissen Einschränkung erfolgen. Es geht hier nicht um individuellen oder kollektiven Machtmissbrauch und auch nicht um Einschränkungen eines Einzelnen durch beengende Verhaltensmuster, sondern um eine überhebliche Haltung von Mehrheiten gegenüber Außenstehenden auf der Grundlage von Rollenbildern.

5. Die didaktische Analyse

5.1 Die Entwicklung von Zielen

Zur Erschließung von „Ein netter Kerl“ einschließlich Kontextualisierung

- **Handlung und Figuren:** Das Gut von Rita ist nur teilweise offensichtlich (äußerlicher Respekt Familie gegenüber ihrem Verlobten) und muss zu einem anderen Teil deutend ergänzt werden (Achtung seiner menschlichen Qualitäten). Dementsprechend sind auch deutende Ergänzungen notwendig, um die wohl teilweise positive Auflösung zu erfassen. Zudem bietet es sich an, die offensichtlichen Gründe für die Komplikation (Figureneigenschaften Familienmitglieder: Orientierung an äußerlichen Normen, Bosheit) deutend zu ergänzen (evtl. Notwendigkeit, sich über andere zu erheben, Stärkung des Gruppengefühls). Angemessener Schwierigkeitsgrad für die Schüler.
  Die Faktoren für die Auflösung (Kommunikation ohne explizite Aussprache, Verhalten/Figureneigenschaften Rita: Mut und Entschlossenheit, Eigenschaften Familienmitglieder: Bosheit gegenüber Angehörigen gilt offenbar als unzulässig) sind zwar relativ eindeutig, müssen jedoch rekonstruiert werden. Das stellt aufgrund der von Rita genutzten Ironie eine gewisse Herausforderung für die Schüler dar, ist aber für das Textverstehen unbedingt notwendig.
- **Darstellungsverfahren:** Die Anlage der Erzählung als ‚dramatische Szene‘ und insbesondere der Verzicht auf Innensicht mit den entsprechenden Funktionen (Rekonstruktion von Handlungselementen, Ergänzung von Gedanken und Gefühlen Ritas durch den Leser) sind für das

Textverstehen von großer Bedeutung und bieten sich für eine Erarbeitung an. Angemessener Schwierigkeitsgrad für die Schüler.

- **Gesamtdeutung:** Es soll das Deutungsspektrum unter besonderer Berücksichtigung der Faktoren für Komplikation und Auflösung (v. a. Eigenschaften Ritas) genutzt werden; keine Verengung auf die – vergleichsweise offensichtlichen – Faktoren für die Komplikation. Angemessener Schwierigkeitsgrad.
- **Wirklichkeitsbezug und Wertung:** Ein expliziter Wirklichkeitsbezug bietet sich für die Schüler an, indem sie die Abwertung von Menschen anhand von Äußerlichkeiten und eine mögliche Gegenwehr fokussieren. Es soll jedoch keine Reduzierung auf das Thema Vorurteile stattfinden. Eine Wertung wäre dagegen weniger sinnvoll, weil sie kaum Spielräume bietet (Verhalten der Familie erscheint klar negativ, Ritas im Vergleich dazu positiv).
- **Kontexte:** Der Text soll auf die Epochenmerkmale der Literatur der sechziger und siebziger Jahre hin überprüft werden, gerade weil er sie zum Teil nicht in klarer Weise aufweist und die Einordnung deshalb eine Herausforderung für die Schüler darstellt (Abwertung von Außenstehenden aufgrund von Rollenbildern wird zum Ausdruck gebracht, nicht aber Machtmissbrauch oder Einschränkungen des Einzelnen durch Verhaltensmuster). Dazu bietet sich ein Vergleich mit „Apfel auf silberner Schale" an (‚DDR-Gegenstück' aus den siebziger Jahren).
  Auf eine Einordnung in die Gattung der Kurzgeschichte wird im Rahmen der Einheit verzichtet.

  Zu den Kompetenzen des Textverstehens: Die Kompetenzen der Schüler sollen anhand eines Verstehens von „Ein netter Kerl" ungefähr gleichermaßen vertieft werden; lediglich die Fähigkeit zur moralischen Wertung ist nicht einzubeziehen.

5.2 Teilziele für den Unterricht

Aus den bisherigen Ausführungen ergeben sich die folgenden Teilziele:

Im Einzelnen können die Schüler:

- die zentralen Handlungselemente Komplikation (mangelnde äußerliche und menschliche Achtung der Familie gegenüber dem Verlobtem) und die teilweise positive Lösung mit ihren Faktoren (Eigenschaften Familie: äußerliche Normen/Bosheit; Rita: Mut/Entschlossenheit; keine direkte Aussprache) darstellen und deutend ergänzen (auch: mögliche Gründe für Verhalten Familie) (**zentrales TZ 1**);
- die dramenähnlichen Darstellungsverfahren (Beschränkung auf Außensicht, hoher Anteil an wörtlicher Rede) darstellen und deren Wirkung erläutern (**TZ 2**);
- eine Gesamtdeutung der Erzählung unter besonderer Berücksichtigung der Faktoren für Komplikation und Auflösung (v. a. Verhalten Ritas) diskutieren und ihre Textdeutung auf ihre Lebenswirklichkeit beziehen (**zentrales TZ 3**);
- überprüfen, ob ihr schon erworbenes Epochenwissen zur Literatur der sechziger und siebziger Jahre auf den Text zutrifft (ggf. mit ‚gemischtem' Ergebnis); dazu „Ein netter Kerl" mit „Apfel auf silberner Schale" vergleichen (**TZ 4**);
- durch Nutzung von (ihnen bekannten) Strategien beziehungsweise Kategorien für die Hypothesenbildung und die Textanalyse sowie durch die Entwicklung einer Gesamtdeutung und einen Wirklichkeitsbezug ihre entsprechenden Fähigkeiten vertiefen (**TZ 5**).

6. Die Gestaltung des Unterrichts

6.1 Tabellarischer Verlaufsplan

Zeit	Phase	Ziele und Aufgaben	Sozial-formen	Medien
8:00 – 8:10	Einstieg	**Einstimmung und Hypothesenbildung:** ▸ Textpräsentation ▸ **„Der Text trägt den Titel ‚Ein netter Kerl'. Diskutiert, ob die Überschrift zum Text passt und ob es andere sinnvolle Überschriften geben könnte.“** ▸ Ergebnissicherung (mündl.)	LV UG	Kopie Text
8:10 – 8:25	Erarbeitung I	**Handlung/ Figuren (Komplikation und Faktoren) (TZ 1 und 5)** ▸ Überleitung, etwa: „Ihr habt mit euren Überschriften bereits die Handlung im ersten Teil der Erzählung angesprochen und dabei unterschiedliche Aspekte betont. Es lohnt sich offenbar, diesen Teil genauer zu untersuchen: Was genau ist in dieser Familie eigentlich los?“ ▸ **„Stellt das problematische Verhalten der Familie und das Verhalten von Rita im ersten Teil der Geschichte (bis Z. 28) dar. Diskutiert anschließend: Welche Gründe könnte das Verhalten der Figuren haben? Macht euch Notizen. Arbeitet in Zweiergruppen.“** ▸ Auswertung ▸ Ergebnissicherung (schriftl.)	PA UG	Kopie Text Folie Aufgabe Notizhefter TB
8:25 – 8:35	Erarbeitung II	**Darstellung (TZ 2 und 5)** ▸ Überleitung: „Wir haben bislang immer von einer ‚Erzählung' und ihrer Handlung gesprochen. Im letzten Schuljahr hat eine Schülerin jedoch behauptet: ‚Das ist ja gar keine richtige Erzählung, sondern eher ein kurzes Drama.'“ ▸ **„Nehmt begründet Stellung zu dieser Behauptung!“** ▸ evtl. Nachsteuerung: „Betrachtet das Verhältnis von Außensicht und Innensicht (den Gedanken der Figuren) sowie die Art der Wiedergabe von Rede.“ ▸ **„Erläutert, welche Wirkung diese Art der Darstellung hat.“** ▸ Ergebnissicherung (schriftl.)	UG	Kopie Text TB Ergänzung

UG = Unterrichtsgespräch
PA = Partnerarbeit
SV= Schülervortrag
AB = Arbeitsblatt

EA = Einzelarbeit
LV = Lehrervortrag
TB = Tafelbild

8:35 – 9:00	Erarbeitung III	**Handlung/Figuren (Auflösung und Faktoren) (TZ 1 und 5)** ▸ Überleitung: „Ihr kennt aus der Beschäftigung mit Dramen ja schon ‚gestaltende' Verfahren, durch die wir das Verhalten von Figuren besser verstehen können, etwa das Verfassen von inneren Monologen und die szenische Inszenierung von Dialogen. Beide Verfahren wollen wir nutzen, um den weiteren Verlauf der Handlung besser zu verstehen. Zwei Aufgaben stehen zur Auswahl." ▸ **„Rita teilt schließlich ihre Verlobung mit. Welche Gedanken/Gefühle könnte sie unmittelbar zuvor haben? Schreibt einen (kurzen) inneren Monolog. Arbeitet einzeln."** ▸ **„Am Schluss sprechen Vater und Mutter erneut über den Verlobten. Lest die wörtliche Rede in dem entsprechenden Abschnitt so vor, dass eure Leseweise zum Text passt."** ▸ Auswertung (je drei Texte/Lesevarianten im Vergleich miteinander und unter der Frage Passung zum Original: „Wie verhält sich euer Text zum Original?") ▸ **„Was habt ihr nun zum Verhalten von Rita/ihrer Familie im zweiten Teil der Erzählung und den Gründen für das Verhalten herausgearbeitet?"** ▸ Ergebnissicherung (schriftl.)	EA / PA arbeitsteilig SV, UG UG	Kopie Text Folie Aufgaben TB Ergänzung
9:00 – 9:05	Erarbeitung IV	**Gesamtdeutung (TZ 3 und 5)** ▸ Überleitung: „Wir haben uns ausführlich mit der Handlung beschäftigt und dabei festgestellt, dass hier nicht nur die Familie handelt, sondern auch Rita; am Ende kann die Familie sogar nur noch auf sie reagieren." ▸ **„Denkt noch einmal über einen alternativen Titel nach: Wie könnte ein sinnvoller Titel lauten, der statt des ‚netten Kerls' Rita in den Mittelpunkt stellt?"** ▸ Ergebnissicherung (mündl.)	UG	Notizhefter
9:05 – 9:10	Erarbeitung V	**Wirklichkeitsbezug (TZ 3 und 5)** ▸ Überleitung: „Die Erzählung wurde 1978 geschrieben und ist also schon mehr als vierzig Jahre alt. Wir wollen nun der Frage nachgehen, ob sie inzwischen ‚veraltet' und für uns nicht mehr aktuell ist." ▸ **„Kennt ihr aus eurer Lebenswirklichkeit Fälle, in denen sich jemand aus ähnlichen Gründen wie Rita gegen seine Umwelt behaupten muss? Sprecht darüber."** ▸ Ergebnissicherung (mündl.)	L-Info UG	Notizhefter

9:10 – 9:30	Erarbeitung VI	**Kontext Literaturgeschichte (TZ 4)** ▸ Überleitung, etwa: „Wir haben festgestellt, dass diese Erzählung aus den 70er Jahren heute durchaus noch aktuell ist. Wir haben aber noch nicht geklärt, wie sie in ihre Zeit passt.“ ▸ **„Prüft, ob ‚Ein netter Kerl‘ ein typischer Text der 60er/70er Jahre ist. Nutzt dazu den Informationstext aus der vorigen Doppelstunde. Macht euch Notizen. Arbeitet einzeln.“** ▸ Ergebnissicherung (mündl.) ▸ **„Vergleicht ‚Apfel auf silberner Schale‘ und ‚Ein netter Kerl‘ literaturgeschichtlich miteinander. Als Grundlage dazu wollen wir eure Hausaufgaben zu ‚Apfel auf silberner Schale‘ nutzen.** ▸ Vortrag und Auswertung Hausaufgaben ▸ **„Kann denn nun einer der beiden Texte als typischer für die 60er/70er Jahre gelten?“** ▸ Ergebnissicherung (schriftl.) ▸ **„Versteht ihr ‚Ein netter Kerl‘ durch die Anwendung von Epochenwissen besser? Diskutiert darüber.“**	EA UG SV UG	Kopie Text AB Info-Text Folie Aufgabe Notizhefter TB Ergänzung

UG = Unterrichtsgespräch
PA = Partnerarbeit
SV= Schülervortrag
AB = Arbeitsblatt
EA = Einzelarbeit
LV = Lehrervortrag
TB = Tafelbild

6.2 Erläuterungen zur Gestaltung des Unterrichts

Hausaufgaben

- Hausaufgabe zur Stunde: Nutze dein Wissen über die Teilepoche „Literatur der sechziger und siebziger Jahre“, indem du schriftlich darstellst, ob und inwiefern (a) „Apfel auf silberner Schale“ ein typischer Text dieser Zeit und (b) sich dein Textverstehen unter Nutzung des Epochenwissens verändert.
- Zur folgenden Stunde keine Hausaufgabe.

Zur Phasierung der Doppelstunde

1) Einstieg (Einstimmung durch Textpräsentation, Hypothesenbildung)
2) Erarbeitung I mit Teilzielen 1 (Komplikation und Faktoren) und 5 (Fähigkeiten Texterschließung)
3) Erarbeitung II mit Teilzielen 2 (Darstellung) und 5
4) Erarbeitung III mit Teilzielen 1 (Auflösung und Faktoren) und 5
5) Erarbeitung IV mit Teilzielen 3 (Gesamtdeutung) und 5
6) Erarbeitung V mit Teilzielen 3 und 5 (Wirklichkeitsbezug) und 5
7) Erarbeitung VI mit Teilziel 4 (Kontext Literaturgeschichte)

Die Abfolge der Erarbeitungsphasen folgt grundlegend dem sachlogischen Prinzip, mit der Besonderheit, dass das Erkennen von Handlungselementen auf zwei Phasen verteilt ist, um eine für „Ein netter Kerl" angemessene Fokussierung der Auflösung mit ihren Faktoren zu erreichen. Das Erkennen von Elementen der Darstellung erfolgt in einer Phase zwischen den beiden Erarbeitungen der Handlung, und zwar zugunsten einer Motivation für die Darstellungsanalyse.

Zu Methoden/Sozialformen und Aufgaben

Einstieg (Einstimmung, Hypothesenbildung)

- **Methoden und Sozialformen:** Die bereichsspezifische Methode ist die Handlungs- und Produktionsorientierung, die zu einer ergiebigen Hypothesenbildung führen und eine motivierende Funktion für die weitere Texterschließung haben soll. Zur Realisierung wird aus Zeitgründen Plenumsarbeit gewählt (v. a. Unterrichtsgespräch, Lehrervortrag zur Textpräsentation).
- **Aufgaben:** Die produktionsorientierte Aufgabe hat ein relativ hohes Maß an Offenheit, um den Schülern unterschiedliche Hypothesen zu ermöglichen.

Erarbeitung I: Teilziele 1 (Komplikation und Faktoren) und 5

- **Methoden und Sozialformen:** Die bereichsspezifische Methode ist die Textanalyse; sie bietet eine angemessene Hilfe für das Erkennen der relativ komplexen Textelemente. Die Methode wird zunächst durch Partnerarbeit realisiert, die sich für einen fokussierten Austausch in der Lerngruppe besonders eignet; die Auswertung erfolgt im Plenum.
- **Aufgaben:** Strategieorientierung zugunsten einer Förderung der Kompetenz zur selbstständigen Texterschließung.

Erarbeitung II: Teilziele 2 (Darstellung) und 5

- **Methoden und Sozialformen:** Die bereichsspezifische Methode ist die Textanalyse; zu einer Begründung vgl. o. Erarbeitung I. Die Methode wird aus Zeitgründen durch Plenumsarbeit realisiert.
- **Aufgaben:** Die zentrale Aufgabe lenkt (aus Zeit- und Motivationsgründen) durch die Vorgabe einer Hypothese; gegebenenfalls ist die Nachsteuerung durch Angabe von Kategorien nötig (falls die Schüler die zentralen Aspekte der Darstellung nicht hinreichend beachten).

Erarbeitung III: Teilziele 1 (Auflösung und Faktoren) und 5

- **Methoden und Sozialformen:** Die bereichsspezifische Methode ist die Handlungs- und Produktionsorientierung. Die gewählten Verfahren sind den Schülern bekannt; sie sollen eine motivierende Funktion haben und auch unterschiedliche deutende Ergänzungen der Textelemente ermöglichen. Zu Realisierung wird zunächst arbeitsteilige Partnerarbeit mit Möglichkeiten zur Differenzierung eingesetzt (zum Schreiben des inneren Monologes muss die Ironie Ritas erfasst werden, während für die Lesefassungen ein grundlegendes Textverstehen hinreicht); die Auswertung erfolgt im Plenum.
- **Aufgaben:** Die Aufgaben sind zugunsten unterschiedlicher Deutungsmöglichkeiten relativ offen.

Erarbeitung IV: Teilziele 3 (Gesamtdeutung) und 5

- **Methoden und Sozialformen:** Die bereichsspezifische Methode ist die Handlungs- und Produktionsorientierung zur Wiederaufnahme der Aufgabe aus dem Einstieg. Zur Realisierung wird Plenumsarbeit eingesetzt.
- **Aufgaben:** Die zentrale Aufgabe grenzt die Offenheit durch eine Fokussierung auf Rita ein, um eine angemessene Nutzung der vorhergehenden Erarbeitung sicherzustellen.

Erarbeitung V: Teilziele 3 (Wirklichkeitsbezug) und 5

- **Methoden und Sozialformen:** Die bereichsspezifische Methode ist das Unterrichtsgespräch, weil die Schüler ihre Wirklichkeitsbezüge abgleichen und weiterentwickeln sollen. Zur Realisierung wird aus Zeitgründen ausschließlich Plenumsarbeit gewählt.
- **Aufgaben:** Die zentrale Aufgabe lenkt durch eine Fokussierung auf Rita, um einer Konzentration auf die offensichtliche ‚Schlechtigkeit' der Familie entgegenzuwirken.

Erarbeitung VI: Teilziel 4 (Kontext Literaturgeschichte)

- **Methoden und Sozialformen:** Die bereichsspezifische Methode ist das Unterrichtsgespräch, um einen intensiven Austausch zu ermöglichen. Für eine angemessene Vorbereitung der literaturgeschichtlichen Einordnung wird allerdings zunächst Einzelarbeit gewählt; es folgt Plenumsarbeit (Unterrichtsgespräch, Schülervortrag der Hausaufgaben).
- **Aufgaben:** Lenkung durch Vorgabe von literaturgeschichtlichem Wissen und durch Textvergleich.

Varianten der Durchführung

Bei Zeitknappheit abgekürzte Varianten für die Ergebnissicherung (zu Erarbeitung I, II, III, VI: Tafelbild wird erstellt, aber nicht von den Schülern in den Hefter übernommen, sondern vom Lehrer zu Beginn der nächsten Doppelstunde als Kopie verteilt; zu Erarbeitung VI auch: nur mündliche Sicherung, Ergebnis wird zu Beginn der nächsten Doppelstunde vom Lehrer als Kopie verteilt). Zudem kann Erarbeitung VI vollständig in Plenumsarbeit erfolgen (wiederholendes Vorlesen des Informationstextes durch Lehrer/Mitlesen Schüler, Bearbeitung der Aufgaben im Unterrichtsgespräch).

Materialien

Text/Kopie „Ein netter Kerl“ von Gabriele Wohmann (vgl. Anhang 1)
AB „INFO Die deutsche Literatur der sechziger und siebziger Jahre des 20. Jahrhunderts“ (bereits in der vorangegangenen Stunde verteilt) (vgl. Anhang 3)

7. Anhänge

Anhang 1: „Ein netter Kerl“ von Gabriele Wohmann

Ein netter Kerl

Ich hab ja so wahnsinnig gelacht, rief Nanni in einer Atempause. Genau wie du ihn beschrieben hast, entsetzlich.

Furchtbar fett für sein Alter, sagte die Mutter. Er sollte vielleicht Diät essen. Übrigens, Rita, weißt du, ob er ganz gesund ist?

Rita setzte sich gerade und hielt sich mit den Händen an der Unterseite des Sitzes fest. Sie sagte: Ach, ich glaub schon, daß er gesund ist. Genau wie du es erzählt hast, weich wie ein Molch, wie Schlamm, rief Nanni. Und auch die Hand, so weich.

Aber er hat doch auch wieder was Liebes, sagte Milene, doch, Rita, ich finde, er hat was Liebes, wirklich.

Na ja, sagte die Mutter, beschämt fing auch sie wieder an zu lachen; recht lieb, aber doch gräßlich komisch. Du hast nicht zuviel versprochen, Rita, wahrhaftig nicht. Jetzt lachte sie laut heraus. Auch hinten im Nacken hat er schon Wammen, wie ein alter Mann, rief Nanni. Er ist ja so fett, so weich! Sie schnaubte aus der kurzen Nase, ihr kleines Gesicht sah verquollen aus vom Lachen.

Rita hielt sich am Sitz fest. Sie drückte die Fingerkuppen fest ans Holz.

Er hat so was Insichruhendes, sagte Milene. Ich find ihn so ganz nett, Rita, wirklich, komischerweise.

Nanni stieß einen winzigen Schrei aus und warf die Hände auf den Tisch; die Messer und Gabeln auf den Tellern klirrten.

Ich auch, wirklich, ich find ihn auch nett, rief sie. Könnt ihn immer ansehn und mich ekeln.

Der Vater kam zurück, schloß die Esszimmertür, brachte kühle nasse Luft herein. Er war ja so ängstlich, daß er seine letzte Bahn noch kriegt, sagte er. So was von ängstlich.

Er lebt mit seiner Mutter zusammen, sagte Rita.

Sie platzten alle heraus, jetzt auch Milene. Das Holz unter Ritas Fingerkuppen wurde klebrig. Sie sagte: Seine Mutter ist nicht ganz gesund, soviel ich weiß.

Das Lachen schwoll an, türmte sich vor ihr auf, wartete und stürzte sich dann herab, es spülte über sie weg und verbarg sie: lang genug für einen kleinen schwachen Frieden. Als erste brachte die Mutter es fertig, sich wieder zu fassen. Nun aber Schluß, sagte sie, ihre Stimme zitterte, sie wischte mit einem Taschentuchklümpchen über die Augen und die Lippen. Wir können ja endlich mal von was anderem reden.

Ach, sagte Nanni, sie seufzte und rieb sich den kleinen Bauch, ich bin erledigt, du liebe Zeit. Wann kommt die große fette Qualle denn wieder, sag Rita, wann denn? Sie warteten alle ab.

Er kommt von jetzt an oft, sagte Rita. Sie hielt den Kopf aufrecht.

Ich hab mich verlobt mit ihm.

Am Tisch bewegte sich keiner. Rita lachte versuchsweise und dann konnte sie es mit großer Anstrengung lauter als die andern, und sie rief: Stellt euch das doch bloß mal vor: mit ihm verlobt! Ist das nicht zum Lachen!

Sie saßen gesittet und ernst und bewegten vorsichtig Messer und Gabeln.

He, Nanni, bist du mir denn nicht dankbar, mit der Qualle hab ich mich verlobt, stell dir das doch mal vor!

Er ist ja ein netter Kerl, sagte der Vater. Also höflich ist er, das muß man ihm lassen. Ich könnte mir denken, sagte die Mutter ernst, daß er menschlich angenehm ist, ich meine, als Hausgenosse oder so, als Familienmitglied.

Er hat keinen üblen Eindruck auf mich gemacht, sagte der Vater. Rita sah alle behutsam dasitzen, sie sah gezähmte Lippen. Die roten Flecken in den Gesichtern blieben noch eine Weile. Sie senkten die Köpfe und aßen den Nachtisch.

Anhang 2: Tafelbild

Gabriele Wohmann: „Ein netter Kerl“

Gründe:	Verhalten Familie und Rita:	Darstellung:
• evtl.: Familienmitglieder wollen sich selbst/eigene Gruppe aufwerten →	• Familie spricht gehässig über Besucher, der äußeren Normen nicht entspricht	• ‚dramenähnliche‘ Form (nur Außensicht, viel wörtliche Rede) ↓
• Rita will Verlobten u. ihre Beziehung gegen Familie schützen →	• Rita versucht zunächst Problemlösung durch Verweis auf menschliche Qualitäten von Besucher • Rita verkündet Verlobung mit Besucher und spiegelt Familie deren Gehässigkeit ↓ • Familie signalisiert (wohl nur äußerlichen) Respekt gegenüber Besucher	• Funktion: Leser muss Gedanken der Figuren ergänzen

Erzählung eingeschränkt typisch für Literatur der 60er/70er Jahre: Bedrohung von Einzelnen/Beziehung durch Gruppe, die aber keine besondere Machtfunktion hat (allerdings von gesellschaftlichen Klischees beeinflusst ist)

Anhang 3: AB Info „Literatur der sechziger und siebziger Jahre des 20. Jahrhunderts“

INFO Literatur der sechziger und siebziger Jahre des 20. Jahrhunderts

In literarischen Werken wird zumeist die Beziehung des Einzelnen und der Gesellschaft kritisch dargestellt, und zwar in mehr oder weniger radikaler Weise.

Mitunter wird die Gesellschaft durch Individuen oder Gruppen repräsentiert, die in egoistischer Weise Macht (z. B. in der Familie oder in der Politik) ausüben. Es kann aber auch sein, dass die Gesellschaft in Form von einschränkenden Verhaltensmustern und Rollenbildern oder als anonyme feindliche Macht erscheint.

Die Auswirkungen der negativ dargestellten Gesellschaft auf den Einzelnen reichen von Entfremdung und Beziehungsschwierigkeiten bis zu einem Zerfall des Ichs.

IV.
Ein Leitfaden für die Planung von Unterricht.

Die Checklisten

1. Die Checklisten für Unterrichtseinheiten

Lernvoraussetzungen 1

1. Analysiere die Lerngruppe mit Blick auf den zu planenden Unterricht unter den folgenden Aspekten und ziehe jeweils Schlussfolgerungen für die Planung der Einheit (Ziele/Themen, Methoden):

- [ ] institutionelle Bedingungen (Schulorganisation, räumliche und mediale Bedingungen);
- [ ] soziokulturelle und pädagogische Voraussetzungen;
- [ ] Leistungsstärke (inkl. Niveau und Heterogenität der Lerngruppe), Kenntnisse und Fähigkeiten sowie Interessen in den jeweiligen Kompetenzbereichen und
- [ ] Erfahrungen mit Methoden und Sozialformen für die jeweiligen Kompetenzbereiche.

Hauptziel 2

Bestimme ein Hauptziel der Einheit:

- [ ] Bestimme das Hauptziel im Rahmen eines Jahresplanes. Lege mit dessen Hilfe fest, welcher Kompetenzbereich durch die Einheit berücksichtigt werden soll und ordne der Einheit das passende zentrale Ziel zu (z. B. „Literarische Texte erschließen“, „Texte schreiben“). Fasse ggf. auch mehrere Kompetenzbereiche mit den entsprechenden Zielen zusammen.
- [ ] Präzisiere das zentrale Ziel a) durch einzelne Standards in Curricula bzw. Teilziele in Zielmodellen (z.B. literarische Texte erschließen und historisch kontextualisieren; eigene Texte planen, formulieren und überarbeiten), für bereichsübergreifende Einheiten durch Standards/Teilziele aus unterschiedlichen Kompetenzbereichen; b) durch Themen, die im Rahmen von/zusätzlich zu einzelnen Standards curricular vorgegeben sind (z. B. ‚Faust I‘, Kurzgeschichten, Sturm und Drang, Erörterung, Konjunktiv II, Kommasetzung in Satzgefügen) oder die du mit Blick auf die Lerngruppe auswählst (i. d. R. kurze Begründung erforderlich).
- [ ] Lege das Hauptziel fest, indem du die gewünschten Kompetenzen/Haltungen und die Themen in einer bündigen Formulierung erfasst (ggf. mit Nutzung von Operatoren).
- [ ] Ergänze die Zielbestimmung ggf. durch die Nennung von (weiteren) Teilthemen, insbesondere Einzeltexten, ohne sie in die Zielformulierung aufzunehmen (i.d.R. kurze Begründung erforderlich).

Sachanalyse 3

Führe eine Sachanalyse des ausgewählten Themas durch:

- [ ] Beschränke dich auf zentrale Aspekte (vgl. Hauptziel).
- [ ] Achte auf eine fachwissenschaftliche Angemessenheit.
- [ ] Fertige Notizen an (Ganztext im Einzelfall).
- [ ] Führe die Sachanalyse in zwei Teilen durch: Grobanalyse für Ebene der Einheit und Feinanalyse für Ebene der Stunden. Option: Feinanalyse erst in der Planung der Stunden vornehmen.

Didaktische Analyse 4

Entwickele die Teilziele für die Unterrichtseinheit:

Gewinne die Teilziele mittels einer didaktischen Analyse (inkl. didaktischer Reduktion), d.h. prüfe die Aspekte der Sachanalyse (Grobanalyse) auf ihre Eignung als Ziele:

- [ ] mit Blick auf Hauptziel: Aspekt erforderlich mit Blick auf das Hauptziel und Standards?
- [ ] mit Blick auf Lernvoraussetzungen: Aspekt nicht zu schwer und nicht zu leicht? Aspekt mit Interessen der Schüler/weiteren Voraussetzungen vereinbar?

Lege die Teilziele fest:

- [ ] Überprüfe, ob die Ziele angemessen konkret sind, v.a. eine angemessene thematische Präzisierung enthalten (keine allgemeinen, auf viele Themen/Texte zutreffenden Ziele wie „den Text analysieren").
- [ ] Überprüfe, ob die Anzahl der Ziele überschaubar ist (meist ausreichend: fünf bis zehn) und gewichte sie ggf. (durch Festlegung eines oder mehrerer zentraler Ziele, optionaler Ziele).
- [ ] Formuliere die Ziele, indem du (nach Möglichkeit sichtbare) Ergebnisse des Lernprozesses benennst; nutze passende Operatoren (evtl. ergänzt um „können": „Die Schüler können ...").

Grobplanung 5

Lege einen phasierten Lernweg der Unterrichtseinheit fest. Nutze dazu das Modell (1) Einstieg, (2) Erarbeitung und Auswertung (ggf. mehrere Erarbeitungsphasen); ggf. (3) Vertiefung, Transfer, Anwendung.

- ☐ Weise den Teilzielen der Unterrichtseinheit in sinnvoller Weise Phasen zu, ggf. unter Zusammenlegung oder ‚Aufsplittung' der Ziele; Stunden mit den gleichen Zielen bilden eine Phase der Einheit.
- ☐ Lege fest, welche der Phasen Erarbeitungsphasen, Phasen der Vertiefung etc. sein sollen.
- ☐ Berücksichtige für die Abfolge der Erarbeitungsphasen und eventuell weiterer Phasen die Sachlogik des Lerngegenstands und ggf. den Aspekt ‚ansteigender Schwierigkeitsgrad' sowie das Interesse der Schüler an den Themen.
- ☐ Lege den Zielen und den zeitlichen Vorgaben entsprechend den zeitlichen Umfang der Unterrichtseinheit (abschließend) fest.
- ☐ In der Regel: Stelle den Verlauf der Grobplanung in einer tabellarischen Übersicht dar (mit Phasen, Stundenzahl und Zielen). Ergänze ggf. Erläuterungen.
- ☐ Bleibe flexibel: Änderungen an der Grobplanung können durch den Verlauf der Einheit angebracht sein (etwa durch die von den Schülern in einer Einstiegsstunde formulierten Interessen und Hypothesen).

Optional:

- ☐ Du kannst schon jetzt Methoden/Sozialformen bestimmen, die für die Gestaltung der Stunden bevorzugt genutzt werden sollen und evtl. den Stunden zuweisen.
- ☐ Du kannst schon jetzt Materialien (für Hypothesenbildung, Erarbeitung, Übung) auswählen und evtl. den Stunden zuweisen.
- ☐ Für Einheiten zu Ganzschriften oder Spielfilmen: Du kannst schon jetzt zuvor ausgewählte ‚Kernstellen' den Stunden zuweisen.

2. Die Checklisten für Einzel-/Doppelstunden

Lernvoraussetzungen 6

Präzisiere bzw. ergänze die Analyse der Lerngruppe (vgl. die Planung einer Unterrichtseinheit) unter den folgenden Fragen und ziehe jeweils Schlussfolgerungen für die Planung der Einzel-/Doppelstunde:

- [ ] Welche Kenntnisse, Fähigkeiten und Interessen, die speziell für die geplante Stunde bedeutsam sind, bringen die Schüler mit?
- [ ] Welche Kenntnisse und Fähigkeiten haben sie durch die Einheit bereits erworben? Welche Leistungsstärke und welches Interesse am Thema haben sie in der Einheit bislang gezeigt und welche Schlussfolgerungen lässt das für die geplante Stunde zu?

Zudem auch zu bedenken:

- [ ] sozio-kulturelle/pädagogische Voraussetzungen, institutionelle Voraussetzungen und Erfahrungen mit Sozialformen, Arbeitstechniken und Methoden, die für die Stunde von besonderer Bedeutung sein könnten.

Hauptziel 7

Nenne das Hauptziel der Stunde (und wähle ggf. Kernstellen aus):

- [ ] Das Hauptziel der Stunde (inkl. Thema) ist grundlegend aus der Grobplanung der Unterrichtseinheit zu übernehmen (hier wurde es durch Verteilung von Teilzielen der Einheit auf Stunden festgelegt).
- [ ] Verändere das Hauptziel ggf. entsprechend Besonderheiten der Durchführung, die sich im Verlauf der Einheit gezeigt haben (bes. Über-/Unterforderung der Schüler).
- [ ] Für Einheiten zu Ganzschriften (oder Spielfilmen) und sofern noch nicht in der Grobplanung erfolgt: Triff eine Auswahl aus den schon festgelegten ‚Kernstellen' (Frage: Welche ‚Kernstellen' eignen sich besonders, um das Hauptziel der Stunde in der Lerngruppe zu erreichen?).

Sachanalyse 8

Falls in der Planung der Einheit bislang nur die Grobanalyse des Themas erfolgt ist:

- [ ] Vertiefe/präzisiere die Sachanalyse durch eine Feinanalyse des für die Stunde gewählten Teilthemas bzw. der gewählten Einzeltexte oder Kernstellen.
  Es gelten dafür die gleichen Prinzipien wie für die Sachanalyse der Planung einer Einheit.

Didaktische Analyse 9

Entwickele die Teilziele für die Stunde:

- [ ] Gewinne Teilziele für die Stunde mittels einer didaktischen Analyse (inkl. didaktischer Reduktion), d. h. prüfe die Aspekte der Sachanalyse (Feinanalyse) für das Stundenthema auf ihre Eignung als Ziele (a) mit Blick auf Hauptziel: Aspekt erforderlich für Erreichen des Hauptziels Stunde? (b) mit Blick auf Lernvoraussetzungen: Aspekt nicht zu schwer und nicht zu leicht?
  Zudem ggf: Ist der Aspekt mit Interessen der Schüler/weiteren Lernvoraussetzungen vereinbar?

Lege die Teilziele fest:

- [ ] Überprüfe, ob die Ziele angemessen konkret sind, v.a. auf die Besonderheiten des Themas ausgerichtet (keine allgemeinen Ziele wie „die Handlung analysieren“).
- [ ] Überprüfe, ob die Anzahl der Ziele überschaubar ist (häufig ausreichend: drei bis fünf), bündele sie falls nötig und gewichte die Ziele untereinander (durch Festlegung eines oder mehrerer zentraler Ziele, ggf. von optionalen Zielen).
- [ ] Formuliere die Ziele, indem du (nach Möglichkeit sichtbare) Ergebnisse des Lernprozesses benennst; nutze falls sinnvoll passende Operatoren (evtl. ergänzt um „können“: „Die Schüler können …“).

Gestaltung 1: Phasierung 10.1

Lege einen phasierten Lernweg der (Doppel-)Stunde fest. Nutze dazu das Modell (1) Einstieg, (2) Erarbeitung (ggf. mehrere Erarbeitungsphasen); (3) ggf. Vertiefung, Anwendung, Transfer (Auswahl, ggf. mehere Phasen) oder ein alternatives Modell für das literarische Textverstehen.

- [ ] Weise die Teilziele der (Doppel-)Stunde in sinnvoller Weise Phasen zu, ggf. unter Zusammenlegung oder ‚Aufsplittung‘ der Ziele.
- [ ] Lege fest, welche der Phasen Erarbeitungsphasen, Phasen der Vertiefung etc. sein sollen.
- [ ] Lege eine sinnvolle Abfolge der Erarbeitungsphasen und ggf. der weiteren Phasen fest.
- [ ] Bestimme den Zielen entsprechend (vorläufig) den Zeitbedarf für die einzelnen Phasen.
- [ ] Berücksichtige Sicherungen als Teilphasen sowie Überleitungen zwischen den Phasen.
- [ ] Entscheide, ob im Einstieg eigene Hypothesen bzw. Lösungswege für die Stunde gefunden werden oder auf schon zuvor entwickelte Hypothesen etc. zurückgegriffen werden soll; entscheide zudem, ob eine Einstimmung oder Information als eine erste Teilphase des Einstiegs erfolgen soll.
- [ ] Plane auch alternative Lernwege, bes. Alternativen für den Schluss (‚Notausstieg‘ und didaktische Reserve).

Gestaltung 2: Methoden und Sozialformen 10.2

Wähle Methoden für die Stunde aus:

☐ Lege für die einzelnen Phasen der Stunde bereichsspezifische Methoden und ggf. Verfahren im Rahmen dieser Methoden fest, und zwar passend zu den Zielen der jeweiligen Phase und der Lerngruppe.

☐ Ergänze die Auswahl bereichsspezifischer Methoden durch die begründete Wahl von bereichsübergreifenden Methoden oder von ‚einfachen' Sozialformen. Bestimme zudem die zu nutzenden Medien und ggf. Arbeitstechniken.

☐ Wähle ggf. den Unterricht unterstützende passende Texte/Materialien aus oder erstelle sie selbst (für die Bildung von Fragen/Hypothesen, die Darbietung oder die Anwendung von Wissen).

☐ Achte auf eine sinnvolle Zusammenstellung von Methoden für die (Doppel-) Stunde (i. d. R. Methodenwechsel notwendig) und innerhalb der Einheit.

☐ Berücksichtige als zentralen Grundsatz: Bereichsspezifische Methoden sollen ein möglichst selbstständiges Arbeiten der Schüler ermöglichen. Wähle dementsprechend nach Möglichkeit Methoden aus, die die Schüler zunehmend selbstständiger für die Bearbeitung von Problemstellungen anwenden können.

☐ Wähle für den Wissenserwerb in der Regel (falls damit kein unverhältnismäßiger Aufwand verbunden wäre) das entdeckende Lernen: Schüler entdecken Probleme, bearbeiten sie bzw. selbst entwickelte Fragestellungen und werten abschließend ihre Arbeit aus.

Gestaltung 3: Aufgaben und Impulse 10.3

Bereite zentrale Aufgaben, Überleitungen und ggf. weitere Impulse für die Stunde vor:

☐ Konstruiere zentrale Aufgaben, die für die Schüler angemessen schwierig sind. Beachte dazu außer dem angestrebten Teilziel und der gewählten Methode vor allem den Aspekt Lenkung (Grad und Typ der Lenkung) und zudem die Aspekte b) formale Komplexität und c) Format. Ergänze ggf. einen Erwartungshorizont.

☐ Formuliere Überleitungen für die Teilphasen der Stunden.

☐ Stelle ggf. eine Auswahl von lenkenden Impulsen für die geplanten Unterrichtsgespräche zusammen.

☐ Formuliere Aufgaben in klarer und verständlicher Weise. Nutze Anweisungen mit Operatoren oder die Form der Frage; setze Angaben zu Sozial- bzw. Organisationsformen an die letzte Stelle.

V. Literaturverzeichnis

- **Abraham/Kepser 2016** Ulf Abraham, Matthis Kepser: Literaturdidaktik Deutsch. Eine Einführung. 4. Auflage, Berlin 2016.

- **Baumgart u. a. 2005** Franzjörg Baumgart, Ute Lange, Lothar Wigger (Hg.): Theorien des Unterrichts. Erläuterungen, Texte, Arbeitsaufgaben, Bad Heilbrunn 2005.

- **Baurmann u. a. 2015** Jürgen Baurmann, Tilman von Brand, Wolfgang Menzel, Kaspar H. Spinner: Methoden im Deutschunterricht: Exemplarische Lernwege für die Sekundarstufen I und II, Seelze 2015.

- **Baurmann u. a. 2017** Jürgen Baurmann, Clemens Kammler, Astrid Müller (Hg.): Handbuch Deutschunterricht. Theorie und Praxis des Lehrens und Lernens, Seelze 2017.

- **Beste 2015 Beste**, Gisela: Deutsch-Methodik. Handbuch für die Sekundarstufe I und II. 5., überarbeitete Ausgabe, Berlin 2015.

- **Beste/Reichelt 2016** Gisela Beste, Ursula Reichelt: Referendariat Deutsch. Kompaktwissen für Berufseinstieg und Examensvorbereitung, Berlin 2016.

- **Bildungsstandards 2003** Bildungsstandards im Fach Deutsch für den Mittleren Schulabschluss (Jahrgangsstufe 10). Beschluss der Kultusministerkonferenz vom 4.12.2003. hrsg. v. Sekretariat der Ständigen Konferenz der Kultusminister der Länder in der Bundesrepublik Deutschland, München 2004.

- **Bildungsstandards 2004** Bildungsstandards im Fach Deutsch für den Primarbereich (Jahrgangsstufe 4). Beschluss der Kultusministerkonferenz vom 23.04.2004. hrsg. v. Sekretariat der Ständigen Konferenz der Kultusminister der Länder in der Bundesrepublik Deutschland, München 2005.

- **Bildungsstandards 2005** Bildungsstandards im Fach Deutsch für den Hauptschulabschluss (Jahrgangsstufe 9). Beschluss der Kultusministerkonferenz vom 15.10.2004. hrsg. v. Sekretariat der Ständigen Konferenz der Kultusminister der Länder in der Bundesrepublik Deutschland, München 2005.

- **Bildungsstandards 2005** Bildungsstandards der Kultusministerkonferenz. Erläuterungen zur Konzeption und Entwicklung. hrsg. v. Sekretariat der Ständigen Konferenz der Kultusminister der Länder in der Bundesrepublik Deutschland, München 2005.

- **Ehlers 2016** Swantje Ehlers: Literaturdidaktik. Eine Einführung, Stuttgart 2016.

- **EPA 2002** Einheitliche Prüfungsanforderungen in der Abiturprüfung Deutsch. Beschluss der Kultusministerkonferenz vom 01.12.1989 in der Fassung vom 24.05.2002, Stadt Datum.

- **Esslinger-Hinz u. a.** 2013 Illona Esslinger-Hinz, Norbert Giovannini, Jutta Hanning, Leonore Herbert, Lissy Jäkel, Christine Klingmüller, Bernward Lange, Nadine Neubrech, Elke Schnepf-Risma, Melanie Wigbergs: Der ausführliche Unterrichtsentwurf, Weinheim/Basel 2013.

- **Gonschorek/Schneider 2015** Gernot Gonschorek, Susanne Schneider: Einführung in die Schulpädagogik und die Unterrichtsplanung. 8. Auflage, Donauwörth 2015.

- **Haag 2019** Ludwig Haag: Entwickelnde Formen. In: Ewald Kiel u. a. (Hg.): Handbuch Unterrichten an allgemeinbildenden Schulen, Bad Heilbrunn 2019, S. 184–193.
- **Hartinger/Lohrmann 2019** Andreas Hartinger, Katrin Lohrmann: Entdeckendes Lernen. In: Ewald Kiel u. a. (Hg.): Handbuch Unterrichten an allgemeinbildenden Schulen, Bad Heilbrunn 2019, S. 177–184.
- **Heimann u. a. 1977** Paul Heimann, Gunter Otto, Wolfgang Schulz: Unterricht. Analyse und Planung. 9. Auflage, Hannover 1977.
- **Hoffmann 2018** Bernhard Hoffmann: Der Unterrichtsentwurf: Leitfaden und Praxishilfe, Baltmannsweiler 2018.
- **IQB 2016** Institut für Qualitätsentwicklung im Bildungswesen (IQB): Bildungsstandards: Aufgabensammlung – Aufgaben für das Fach Deutsch. https://www.iqb.hu-berlin.de/bista/abi/bista/abi /deutsch/ aufgaben/Aufgabensammlung_9.pdf, S. 3. [Zugriff vom 5.01.2020].
- **IQB 2020** Institut für Qualitätsentwicklung im Bildungswesen (IQB): Aufgaben für das Fach Deutsch. Grundstock von Operatoren. www.iqb.hu-berlin.de/bista/abi/deutsch/dokumente/aufgabensammlung_1.pdf. [Zugriff vom 5.01.2020].
- **Jäger/Maier 2019** Sybille Jäger, Uwe Maier: Unterrichtsplanung. In: Ewald Kiel u. a. (Hg.): Handbuch Unterrichten an allgemeinbildenden Schulen, Bad Heilbrunn 2019, S. 455–465.
- **Kiel u. a. 2014** Ewald Kiel, Ludwig Haag, Manuela Keller-Schneider, Klaus Zierer: Grundwissen Lehrerbildung: Unterricht planen, durchführen, reflektieren. Praxisorientierung, Fallbeispiele, Reflexionsaufgaben, Berlin 2014.
- **Kiel 2018** Ewald Kiel (Hg.): Unterricht sehen, analysieren, gestalten. 3. Auflage, Bad Heilbronn 2018.
- **Kiel 2019** Ewald Kiel: Methoden und Verfahrensweisen von Unterricht. In: Ewald Kiel u. a. (Hg.): Handbuch Unterrichten an allgemeinbildenden Schulen, Bad Heilbrunn 2019, S. 167–169.
- **Kiel u. a.** 2019 Ewald Kiel, Bardo Herzig, Uwe Maier, Uwe Sandfuchs (Hg.): Handbuch Unterrichten an allgemeinbildenden Schulen, Bad Heilbrunn 2019.
- **Klafki 1958** Wolfgang Kafki: Didaktische Analyse als Kern der Unterrichtsvorbereitung. In: Die deutsche Schule (1958), H. 50, S. 450–471.
- **KMK 2012** Kultusministerkonferenz (Hg.): Bildungsstandards im Fach Deutsch für die Allgemeine Hochschulreife. http://www.kmk.org/fileadmin/veröffentlichungen_beschluesse/ 2012/20. [Zugriff vom 5.01.2020].
- **König u. a.** 2015 Johannes König, Christiane Buchholtz, Dieter Dohmen: Analyse von schriftlichen Unterrichtsplanungen: Empirische Befunde zur didaktischen Adaptivität als Aspekt der Planungskompetenz angehender Lehrkräfte. In: Zeitschrift für Erziehungswissenschaft (2015), H. 18, S. 375–404.
- **Kreft 1982** Jürgen Kreft: Grundprobleme der Literaturdidaktik. Eine Fachdidaktik im Konzept sozialer und individueller Entwicklung und Geschichte. 2., verbesserte Auflage, Heidelberg 1982.

- **Leubner/Saupe 2012** Martin Leubner, Anja Saupe: Erzählungen in Literatur und Medien und ihre Didaktik. 3. Auflage, Baltmannsweiler 2012.

- **Leubner/Saupe 2014** Martin Leubner, Anja Saupe: Lesestrategien für die Hypothesenbildung und die Erschließung von Handlungen. Eine empirische Studie zum literarischen Textverstehen. Baltmannsweiler 2014.

- **Leubner/Saupe/Richter 2016** Martin Leubner, Anja Saupe, Matthias Richter: Literaturdidaktik. 3., überarbeitete und ergänzte Auflage, Berlin 2016.

- **Leubner/Saupe 2016** Martin Leubner, Anja Saupe: Textverstehen im Literaturunterricht und Aufgaben. 2., vollständig überarbeitete und ergänzte Auflage, Baltmannsweiler 2016.

- **Leubner/Saupe 2017** Martin Leubner, Anja Saupe: Erzählende Texte im Literaturunterricht und Textanalyse. Hohengehren 2017.

- **Lüders/Quittenbaum 2019** Manfred Lüders, Nancy Quittenbaum: Darbietende Formen des Unterrichts. In: Ewald Kiel u. a. (Hg.): Handbuch Unterrichten an allgemeinbildenden Schulen, Bad Heilbrunn 2019, S. 169–177.

- **Maier 2017** Uwe Maier: Lehr-Lernprozesse in der Schule: Studium, Bad Heilbrunn 2017.

- **Matthes 2011** Wolfgang Matthes: Methoden für den Unterricht. Kompakte Übersichten für Lehrende und Lernende, Paderborn 2011.

- **Meyer 2014** Hilbert Meyer: Leitfaden Unterrichtsvorbereitung. 9. Auflage, Berlin 2014.

- **Meyer 2016** Hilbert Meyer: Was ist guter Unterricht? 14. Auflage. Berlin 2016.

- **Oser/Baeriswyl 2001** Fritz K. Oser, Franz Baeriswyl: Choreographies of teaching: Bridging instruction to learing. In: Virinia Richardson (Hg.): AERA's Handbook of Research on Teaching, Washington 2001, S. 1031–1065.

- **Sandfuchs 2019** Uwe Sandfuchs: Fördern in innerer und äußerer Differenzierung. In: Ewald Kiel u. a. (Hg.): Handbuch Unterrichten an allgemeinbildenden Schulen, Bad Heilbrunn 2019, S. 193–203.

- **Schilcher/Pissarek 2015** Anita Schilcher, Markus Pissarek (Hg.): Auf dem Weg zur literarischen Kompetenz. Ein Modell literarischen Lernens auf semiotischer Grundlage. 3., korrigierte und ergänzte Auflage. Baltmannsweiler 2015.

- **Schilcher u. a. 2018** Anita Schilcher, Kurt Finkenzeller, Christina Knott, Friederike Pronold-Günther, Johannes Wild (Hg.): Schritt für Schritt zum guten Deutschunterricht. Praxisbuch für Studium und Referendariat: Strategien und Methoden für professionelle Deutschlehrkräfte, Seelze 2018.

- **Schneider 2017** Frank Schneider: Deutsch unterrichten: planen, durchführen, reflektieren, Berlin 2017.

- **Syring 2019** Marcus Syring: Kooperative Formen. In: Ewald Kiel u. a. (Hg.): Handbuch Unterrichten an allgemeinbildenden Schulen, Bad Heilbrunn 2019, S. 203–211.

- **von Brand 2016** Tilman von Brand: Deutsch unterrichten. Einführung in die Planung, Durchführung und Auswertung in den Sekundarstufen. 5. Auflage, Seelze 2016.

- **von Brand/Brandl 2017** Tilman von Brand, Florian Brandl: Deutschunterricht in heterogenen Lerngruppen. Individualisierung – Differenzierung – Inklusion in den Sekundarstufen, Seelze 2017.
- **von Brand 2018** Tilman von Brand: Stundenplanung Deutsch. Leitfaden für Praktikum, Referendariat und Lehrprobe, Seelze 2018.
- **Waldmann 2007** Günter Waldmann: Produktiver Umgang mit Literatur im Unterricht. Grundriss einer Produktiven Hermeneutik. Theorie – Didaktik – Verfahren – Modelle. 7. Auflage, Baltmannsweiler 2007.
- **Wiater 2015** Werner Wiater: Unterrichtsplanung. Prüfungswissen – Basis Schulpädagogik. 3. Auflage, Augsburg 2015.
- **Wittek 2019** Doris Wittek: Unterrichten und Heterogenität. In: Ewald Kiel u. a. (Hg.): Handbuch Unterrichten an allgemeinbildenden Schulen, Bad Heilbrunn 2019, S. 51–61.
- **Zimmer 2018** Thorsten Zimmer: Fachseminar Deutsch: Materialien für die Ausbildung von Deutschlehrerinnen und Deutschlehrern am Gymnasium, Norderstedt 2018.

Nachwort

Liebe Leserin, lieber Leser

Liebe Leserin, lieber Leser,

in dem kürzlich erschienenen „Handbuch Deutschunterricht und Inklusion" findet sich am Ende des Vorworts „Noch eine Anmerkung zum Schluss". Verfasst haben sie Christiane Hochstadt und Ralph Olsen, die das Werk herausgegeben haben. Wir zitieren diese Anmerkung mit dem Einverständnis der beiden und schließen uns ihrer Argumentation sowie der Entscheidung für das generische Maskulinum an.

Die „Anmerkung zum Schluss" mit leichten Kürzungen, die vor allem Literaturhinweise betreffen:

„In einem Handbuch, das sich – auch kritisch – mit Fragen zur Inklusion im Kontext literarischer und sprachlicher Bildung auseinandersetzt, wird zwangsläufig und aus naheliegenden Gründen in besonderem Maße auch die Thematik ‚gendergerechte Sprache' berührt. Gemeint ist folgendes Phänomen, das in öffentlichen (insbesondere in wissenschaftlichen) Texten eine große Rolle spielt: Häufig wird mittlerweile nicht mehr von dem ‚Schüler' gesprochen, sondern von ‚Schülerinnen und Schülern' oder auch von ‚SchülerInnen', um die Gleichstellung der Geschlechter explizit zum Ausdruck zu bringen. Dieser nicht mehr unübliche Sprachgebrauch (das so genannte Gendern oder Gendering) lässt sich zurückführen auf Bemühungen der feministisch-linguistischen Sprachkritik, deren Vertreter schon vor Jahrzehnten dafür eintraten, die (empfundene/tatsächliche) Dominanz des ‚Männlichen' (auch) im Sprachlichen zurückzudrängen [...].

Wir haben uns [...] – gegen den Mainstream – dazu entschieden, die Verwendung des generischen Maskulinums zu präferieren:

- Es liegt auf der Hand, dass ein Text, der nicht in einer ‚gendergerechten' Sprache verfasst ist, besser und leichter lesbar ist.

- Des Weiteren erachten wir einen Text, der auf umständliche, redundante Wiederholungen oder das Einfügen von Unterstrichen und Sternchen etc. verzichtet, als in ästhetischer Hinsicht ansprechender [...].

- Eine Fokussierung auf das biologische Geschlecht – die ja gerade überwunden werden soll (siehe oben) – kann nicht durch eine Doppelnennung überwunden werden. Und auch sprachliche Neutralisierungen mit ihrem zwangsläufigen Ergebnis einer scheinbaren Geschlechtsneutralisierung' erscheinen uns eher geeignet, der sinnvollen ursprünglichen Idee einer allgemeinen Gerechtigkeit zwischen allen Menschen zuwider zu laufen [...]. Hinzu kommt, dass die Überwindung eines bipolaren Geschlechterverständnisses weder durch die eine noch durch die andere ‚Lösung' an Kraft gewinnen kann [...]. Und unseres Erachtens wird man auch nicht davon ausgehen können, dass ein Leser bei der Rezeption der Schreibung ‚Politiker*innen' dazu angehalten wird, zum Beispiel transsexuelle Menschen miteinzubeziehen.

- Eine zunehmende Gerechtigkeit in einer Gesellschaft kann unseres Erachtens nicht durch eine Sichtbarmachung (die darüber hinaus ja auch keine sein kann, s. o.) auf der schriftsprachlichen Ebene erreicht werden. Wir sind im Gegenteil davon überzeugt, dass eine vollständige gesellschaftliche Inklusion jeglicher geschlechtlich-sexueller Identitäten und Orientierungen erst dann erreicht sein wird, wenn eine künstliche Sichtbarmachung nicht (mehr) nötig ist – wenn also jedem Leser klar ist, dass das generische Maskulinum wahrhaftig alle (heterosexuellen) Frauen, Intersexuelle, Männer, Asexuelle, Schwule, Bisexuelle, Transsexuelle etc. umfasst." (Hochstadt/Olsen 2019, S. 12)

Zum Schluss: Wir bedanken uns für mannigfaltige Unterstützung bei unseren Wissenschaftlichen Hilfskräften Paula Burg, Ann-Christin Schumacher, Anne Töpfer und Jens Drößiger.